MACROÉCONOMIE EFFICACE

Collection « L'esprit économique »

fondée par Sophie Boutillier et Dimitri Uzunidis en 1996
dirigée par Sophie Boutillier, Blandine Laperche, Dimitri Uzunidis

Si l'apparence des choses se confondait avec leur réalité, toute réflexion, toute Science, toute recherche serait superflue. La collection « L'esprit économique » soulève le débat, textes et images à l'appui, sur la face cachée économique des faits sociaux : rapports de pouvoir, de production et d'échange, innovations organisationnelles, technologiques et financières, espaces globaux et microéconomiques de valorisation et de profit, pensées critiques et novatrices sur le monde en mouvement...
Ces ouvrages s'adressent aux étudiants, aux enseignants, aux chercheurs en sciences économiques, politiques, sociales, juridiques et de gestion, ainsi qu'aux experts d'entreprise et d'administration des institutions.

La collection est divisée en six séries :

Dans la série *Economie et Innovation* sont publiés des ouvrages d'économie industrielle, financière et du travail et de sociologie économique qui mettent l'accent sur les transformations économiques et sociales suite à l'introduction de nouvelles techniques et méthodes de production. L'innovation se confond avec la nouveauté marchande et touche le cœur même des rapports sociaux et de leurs représentations institutionnelles.

La série *Economie formelle* a pour objectif de promouvoir l'analyse des faits économiques contemporains en s'appuyant sur les approches critiques de l'économie telle qu'elle est enseignée et normalisée mondialement. Elle comprend des livres qui s'interrogent sur les choix des acteurs économiques dans une perspective macroéconomique, historique et prospective.

Dans la série *Le Monde en Question* sont publiés des ouvrages d'économie politique traitant des problèmes internationaux. Les économies nationales, le développement, les espaces élargis, ainsi que l'étude des ressorts fondamentaux de l'économie mondiale sont les sujets de prédilection dans le choix des publications.

La série *Krisis* a été créée pour faciliter la lecture historique des problèmes économiques et sociaux d'aujourd'hui liés aux métamorphoses de l'organisation industrielle et du travail. Elle comprend la réédition d'ouvrages anciens, de compilations de textes autour des mêmes questions et des ouvrages d'histoire de la pensée et des faits économiques.

La série *Clichés* a été créée pour fixer les impressions du monde économique. Les ouvrages contiennent photos et texte pour faire ressortir les caractéristiques d'une situation donnée. Le premier thème directeur est : mémoire et actualité du travail et de l'industrie ; le second : histoire et impacts économiques et sociaux des innovations.

La série *Cours Principaux* comprend des ouvrages simples, fondamentaux et/ou spécialisés qui s'adressent aux étudiants en licence et en master en économie, sociologie, droit, et gestion. Son principe de base est l'application du vieil adage chinois : « le plus long voyage commence par le premier pas ».

Bernard Landais

Macroéconomie efficace

Croissance et crises

Préface de Patrick Villieu

L'Harmattan

5-7, rue de l'École-Polytechnique, 75005 Paris

http://www.editions-harmattan.fr

ISBN : 978-2-343-21556-3
EAN : 9782343215563

Remerciements

Au Professeur Patrick Villieu, à Anne-Yvonne, Romain et Anne-Loeïza Landais, pour leurs critiques éclairées et leurs relectures impitoyables.

Du même auteur

« Le Monétarisme », Éditions Economica, 1987.

« Leçons de politique budgétaire », Éditions « de Boeck Université, 1998.

« Leçons de politique monétaire », Éditions de Boeck Université, 2008, Préface de Christian de Boissieu.

« Les Fluctuations : une synthèse nouvelle », L'Harmattan, 2017.

« Croissance économique et choix politiques », L'Harmattan, 2020.

Sommaire

PREFACE

Faut-il abandonner la macroéconomie ?

Professeur Patrick VILLIEU (Université d'Orléans)

La crise financière de 2007-2008 et la grande récession qui s'en est suivie ont porté atteinte à la réputation de la macroéconomie, en grande partie pour son incapacité à prédire le retournement de l'activité, après deux décennies de « grande modération », pour reprendre l'expression de Stock & Watson (2002). Pourtant, les crises sont, par nature, imprévisibles, même si des éléments de fragilité (financière ou réelle) peuvent être détectés, le plus souvent après coup. Ainsi, tenter de comprendre les mécanismes ayant conduit au déclenchement d'une crise est autre chose que de prétendre prévoir ou, pire encore, prévenir la crise suivante. Le traumatisme mondial produit par la crise sanitaire découlant de l'épidémie de COVID19 alors que tous les yeux étaient encore braqués sur la finance illustre parfaitement l'inanité des tentatives de prédiction des crises.

De manière plus préoccupante, la grande récession a donné lieu à de sévères remises en cause du paradigme dominant en macroéconomie depuis les années 1970. Ainsi, les comportements observés sur les marchés financiers semblent porter atteinte à l'hypothèse de rationalité des comportements ; l'existence d'un montant considérable de ressources inutilisées (en particulier sur le marché du travail) pousse à s'interroger sur l'existence même d'un équilibre macroéconomique, au-delà du simple examen des « déviations » par rapport à cet équilibre, etc. Les limites et les insuffisances du cadre conceptuel de l'analyse « néoclassique » ont été maintes fois soulignées par le passé, et les réfutations empiriques successives ont permis à la macroéconomie de se constituer progressivement autour de « synthèses » englobantes, comme, par exemple, l'analyse monétariste ou la théorie de la croissance.

La crise actuelle de la théorie macroéconomique semble d'une autre nature, parce qu'elle ne découle pas de difficultés récurrentes, mais surmontables, à reproduire quelques « faits saillants », mais paraît refléter une incapacité fondamentale du modèle dominant, l'approche des modèles dynamiques d'équilibre général stochastique, à accaparer les éléments périphériques et à se constituer ainsi en nouvelle synthèse, en dépit son ambition initiale (Goodfriend & King, 1997).

Le noyau de la macroéconomie, telle qu'elle est enseignée dans la plupart des programmes et des manuels de référence, s'appuie sur le modèle de croissance néoclassique, étendu à un cadre stochastique par l'introduction de différents chocs aléatoires (affectant principalement la technologie). A cette structure de base s'ajoute une représentation de la fixation des prix en concurrence monopolistique, pour introduire des ingrédients keynésiens fondés sur les rigidités nominales. Cette structure s'est imposée à la suite d'un long cheminement intellectuel insistant sur la nécessité de donner des fondements « structurels » à la macroéconomie moderne, et d'asseoir ses résultats sur des soubassements microéconomiques explicites, afin de pouvoir en tirer des implications en termes de bien être qui soient immunisées contre la « critique de Lucas » (1976).

Une telle modélisation s'avère utile comme outil simplificateur, permettant de comprendre les mécanismes globaux issus d'interactions dynamiques complexes sans se perdre dans des discussions littéraires. Elle correspond également à l'ambition légitime de toute théorie d'isoler la substance de l'accessoire. Cependant, le problème survient lorsque les économistes cherchent à faire de ce modèle de référence un outil de science expérimentale. Il s'agit alors de « prendre le modèle au sérieux » (comme si le sérieux pouvait provenir d'un test statistique) en donnant des valeurs aux paramètres afin de vérifier les implications quantitatives de l'analyse. Des techniques d'estimation bayésienne plus ou moins sophistiquées ont alors été introduites, mais, outre la difficulté pour estimer de nombreux paramètres, dont un certain nombre ne relèvent pas de données observables, l'étalonnage des modèles demeure un talon d'Achille. Ainsi, les calibrations fondées sur des données microéconomiques ne sont pas pertinentes pour juger des interactions entre agrégats macroéconomiques ; les paramètres de filtrage des séries, cruciaux pour l'analyse des fluctuations, tiennent plus d'arguments d'autorité que d'une mesure scientifique des mouvements conjoncturels devant être expliqués ; les ruptures de tendance sont passées sous silence dans l'évaluation des « faits saillants » que les modèles sont susceptibles de répliquer à long terme ; etc. De ce fait, la motivation initiale ayant présidé à l'élaboration des microfondements de la macroéconomie se dissipe : un modèle n'est plus testable lorsque le rejet n'est pas utilisé pour écarter ses prédictions, mais pour sélectionner les faits sous lesquels il donne de bonnes prédictions.

Par ailleurs, dans le but de « se rapprocher des données », de nombreuses hypothèses auxiliaires ont été introduites, décrivant tour à tour un bloc financier, les mécanismes du marché du travail, l'ouverture des économies, différentes structures de retard …, de sorte que l'objectif d'établir un véritable modèle structurel microfondé se trouve en porte à faux avec ces nombreuses « théorisations implicites ». Ainsi, un travail de recherche considérable a été consacré pour incorporer dans les modèles dynamiques d'équilibre général stochastique diverses « frictions » censées mieux représenter la réalité. Mais un bon modèle est–il une photographie de la réalité ?

Cet agenda s'est notamment développé dans les centres de recherche des banques centrales, dans le but de donner une pseudo-légitimité scientifique aux décisions de politique monétaire (mais qui ressortit plus à une légitimation a posteriori). Son apogée s'est exprimée dans les frictions financières introduites ces dernières années, autour de modélisations de plus en plus sophistiquées et parfois fantaisistes censées produire des « primes » de risque ou de liquidité, et dans lesquelles les agents financiers sont purement et simplement décrits comme des voleurs en puissance (Gertler & Karadi, 2011), au milieu d'agents non financiers foncièrement honnêtes et respectant scrupuleusement leurs contraintes budgétaires.

Mais les conventions comportementales les plus absurdes existent également sur le marché du travail, où les « travailleurs involontaires » sont tirés à la loterie (Hansen, 1985) pendant que les chômeurs tirent profit de leur loisir. S'agit-il toujours de fondements microéconomiques ou d'une série d'hypothèses adoptées pour les besoins de la cause ? Peut-on sérieusement espérer faire reposer une évaluation du bien-être sur de telles modélisations ad hoc ? Par ailleurs les modèles se focalisent, le plus souvent, sur le voisinage d'un état stationnaire bien déterminé, alors que l'étude de maquettes de bien plus petite dimension montre que des bifurcations sont partout présentes, dès lors que l'on introduit des non-linéarités, même très faibles. Ne faudrait-il pas, avant d'envisager une quelconque proposition de politique publique, mener une étude de robustesse approfondie ?

Faut-il pour autant abandonner la macroéconomie ? Non, mais abandonner cette profusion de formalisations « testables » donnant une apparence de scientificité à un discours manquant le plus souvent de cohérence interne, sans doute. C'est en tout cas le chemin sur lequel nous engage résolument le livre du Professeur Bernard Landais, « Macroéconomie efficace ».

La cause profonde de la crise de la macroéconomie réside dans une tension fondamentale entre la grande complexité de son sujet et la précision de type microéconomique à laquelle nous aspirons. Par exemple, face à l'inconnu (au sens d'incertitude radicale), les agents réagissent différemment de la manière dont ils gèrent les risques dans leur environnement quotidien (Knight, 1921, Ellsberg, 1961) et il est vain de chercher un modèle macroéconomique pleinement « structurel » capable de décrire l'ensemble des réactions individuelles dans diverses configurations de risque ou d'incertitude. Au surplus, ce modèle structurel ne serait qu'un « faux semblant de connaissance » au sens de Hayek et pourrait même, à la manière d'un haïku (Blanchard, 2000) scléroser notre pensée en limitant notre horizon. Ainsi, l'approche par les modèles dynamiques d'équilibre général stochastique semble hypnotisée par sa propre logique microéconomique interne, au détriment de son lien avec le monde, alors que la recherche devrait au contraire se construire en « mode exploration large » (Caballero, 2010).

Il ne s'agit pas pour autant de laisser les discussions économiques aux commentateurs informels et aux analystes politiques, mais plutôt de renouer avec l'objectif de la macroéconomie « à l'ancienne », celui de fournir des cadres formels simples pour résoudre les problèmes économiques. Les progrès de la formalisation depuis 50 ans ont certainement accru le potentiel de la macroéconomie. Mais ils ne doivent pas nous distraire de ce but ultime, qui est de comprendre les mécanismes qui conduisent l'économie réelle. Ainsi, les tenants de la « première » synthèse monétariste (ou néokeynésienne) ont pu développer des concepts clés de la macroéconomie moderne, comme les anticipations rationnelles ou l'inconséquence temporelle, sans aucune prétention d'être réalistes dans toutes les dimensions de la modélisation afin d'obtenir des réponses quantitatives. Ce qui manque à la macroéconomie actuelle est un modèle de référence utilisable sous forme réduite qui soit capable de représenter de manière simple les nouvelles complexités du monde : incertitude radicale, ouverture des économies, déséquilibres financiers, etc. Sans doute faudra-t-il pour cela, réintroduire pleinement les institutions au sein de la macroéconomie.

Sans prétendre complètement relever ce défi, l'ouvrage du Professeur Bernard Landais fait un pas vers cette macroéconomie « efficace ». Il nous rappelle les dangers de formuler des propositions de politique publique en supposant une précision et un degré de connaissance que nous n'avons pas. Entre une approche purement littéraire à base de description des faits et une formalisation parfois à outrance des interactions individuelles, la voie est étroite, mais c'est sur ce fil du rasoir que nous entraîne Bernard Landais. Ce faisant, il participe à la construction d'une pensée alternative, qui seule peut permettre de remettre en cause les connaissances qui semblent acquises.

Bibliographie

Blanchard O.J. (2000), « What Do we Know about Macroeconomics that Fisher & Wicksell Did Not? », *Quarterly Journal of Economics,* 65, 4, p. 1375-1409.
Ellsberg, D. (1961). "Risk, Ambiguity, and the Savage Axioms." Quarterly Journal of Economics,
75(4): 643–69.
Gertler M. et Karadi P. (2011), A model of unconventional monetary policy, Journal of Monetary Economics, 2011
Goodfriend M. et King R.G. (1997), « The New Neoclassical Synthesis & the Role of Monetary Policy », in *NBER Macroeconomics Annual* 1997, Cambridge, Mass., MIT Press, p. 231-283.
Hansen L.P. (1985), « Indivisible Labor and the Business Cycle », *Journal of Monetary Economics,* 16(3), novembre, p. 309-327.
Knight, F. H. (1921). Risk, Uncertainty and Profi t. Boston: Houghton Miffl in.
Lucas R.E. (1976), « Econometric Policy Evaluation: A Critique », *Carnegie-Rochester Conference Series on Public Policy,* 1, p. 19-46.
Stock, J. H., & Watson M. W. (2002), « Has the business cycle changed and why? », National Bureau of Economic Research, working paper, n° 9127.

Chapitre 1

L'inefficacité de la macroéconomie contemporaine et ses solutions

Section 1 Une macroéconomie dans l'impasse

La macroéconomie est en crise profonde et il n'y a plus de grands économistes ; nous manquons souvent d'explications intelligibles pour nombre d'évènements et de phénomènes et par conséquent les solutions en politique macroéconomique nous font défaut. Ces insuffisances et ces manques d'efficacité sont à mettre au débit de la science contemporaine et notamment de son courant dominant anglo-saxon. Celui-ci a été le maître durant les quarante dernières années mais face à ses échecs, il ne tire pas ouvertement de leçons et n'affiche pas la repentance appropriée.

Ce constat pessimiste incrimine moins la pente idéologique traditionnelle en faveur de l'économie de marché qu'une faiblesse de nature méthodologique. S'engouffrant dans des impasses théoriques pour pavoiser trop vite par une forme exagérée de technicité, la science économique moderne est fréquemment prise à contre-pied par les évènements et se voit donc contrainte de faire demi-tour. Il nous faut effectuer cette révolution intellectuelle en reprenant le chemin abandonné dans les années soixante-dix, au moment où les très grands économistes que furent Milton Friedman et Friedrich Hayek s'apprêtaient à passer la main. Certaines innovations décisives de cette époque, par exemple les notions d'anticipations rationnelles et de capital humain, auraient dû être prolongées intellectuellement avec modestie et patience plutôt que servir de support à des travaux d'économie appliquée largement prématurés. Cette constatation est d'ailleurs transposable au plan individuel pour les jeunes chercheurs, toujours théoriquement immatures mais forcés de joindre des estimations économétriques au moindre de leurs travaux.

A cette époque charnière, l'intuition de ce fourvoiement était réellement présente. Dans une conférence qu'il prononçait à Rennes en 1970, l'économiste allemand Erich Schneider s'en prenait ouvertement à la prétention à connaissance des Anglo-Saxons et à leur « manie » (sic) de tout concevoir en termes de modèles mathématiques, bases incertaines trop rapidement proposées à une appréciation économétrique. Sa position recueillait d'ailleurs l'assentiment assez général de nos collègues français. Mais rapidement, la prééminence des jugements professionnels sur critères techniques, expression du « soft power » américain ainsi que le règne imbécile du « publish or perish ! » faisait tomber sans coup férir cette faible résistance européenne. Erich Schneider n'ignorait d'ailleurs pas le formidable appel d'air que constituaient le développement des moyens informatiques et leur mise à disposition de tous les chercheurs, petits ou grands, ainsi que la griserie des premières régressions réussies. Depuis Keynes enfin, une pression existait en permanence pour éclairer et mesurer les effets des interventions macroéconomiques, en particulier pour les politiques conjoncturelles. De nos jours, cette « pression du contrôle » traduit surtout les besoins de la politique monétaire[1].

La crise de 2008 fut à l'origine d'un renversement intellectuel dont le présent texte se veut l'écho. Elle le fut en démontrant la piètre qualité des prévisions[2]de fluctuations venant du courant dominant de la Nouvelle Synthèse Néo-Classique ainsi que le simplisme des conseils qu'il donnait naguère aux Banques Centrales, engagées à poursuivre assidûment et par tous les moyens l'« Eldorado » chimérique du ciblage d'inflation.

Les analyses sur la Zone Euro en sont une autre illustration : la Théorie des Zones Monétaires Optimale apparût très vite comme l'alpha et l'oméga de l'analyse macroéconomique des unions monétaires. Pourquoi ? En particulier parce qu'en agitant de façon aléatoire les chocs asymétriques d'offre et de demande, elle permettait d'utiliser à fond l'économétrie auto-vectorielle. Malheureusement, elle restreignait ainsi et très fortement le champ des dangers possibles guettant ces unions. Ces deux exemples sont révélateurs de **l'atrophie théorique et de l'hypertrophie empirique**, dénoncées dans cette introduction. Parce que les théories « pré-techniques » ont été plus éclairantes au cours de la crise de 2008-2009, cette dernière referme la parenthèse ouverte en 1970, après quarante ans d'engouement pour le « tout-mesurable ». Les théories anciennes l'emportent finalement mais il est honnête de dire qu'elles profitent aussi d'une ample moisson de faits statistiques rassemblés grâce à une économétrie[3] de service.

---

[1] Pour la politique budgétaire, la macroéconomie technique s'est un peu découragée…

[2] Le FMI (2018) reconnaît lui-même la faible valeur des prévisions reposant sur les modèles statistiques.

[3] On pense entre autres aux travaux de Carmen Reinhart et Kenneth Rogoff (2008), Bordo et Haubrich (2009) ainsi qu'à l'œuvre de Victor Zarnowitz. Ces

L'efficacité est la capacité à donner des explications aux faits observés et de fournir ainsi les meilleurs éclairages aux actions éventuelles à entreprendre. C'est bien évidemment le but de la science et sa recherche a toujours fait l'objet de débats entre les économistes. Se plaçant dans le sillage d'Hayek et de Friedman, on aime évoquer les éclairages que donnaient ceux-ci des notions fondamentales comme la concurrence, le marché, l'action politique, les fluctuations, les crises. Après les années trente, leurs descriptions réalistes et complexes s'opposaient aux stéréotypes des courants néoclassiques et keynésiens, représentatifs de la science anglo-saxonne déjà dominante. Entre l'option de formaliser sommairement le réel pour disposer vite d'outils de contrôle et celle de chercher plus modestement à expliquer les réalités complexes avant d'en tirer des conclusions et des procédés, la discussion était ouverte et les exemples évoqués plus haut en sont les échos les plus récents.

Friedrich Von Hayek (1985) et Milton Friedman (1953) soulignaient l'arrogance technique de leurs adversaires, qui affichaient déjà une fâcheuse « prétention à la connaissance ». Saint Augustin disait déjà : *« Pour discerner en connaissance de cause le faux du vrai, il faut quitter la pensée que l'on détient la vérité ».* Cette idée demeure d'actualité et se trouve même de plus en plus justifiée au fur et à mesure que les outils à notre disposition s'améliorent et nous donnent une « impression » de connaissance. Dans beaucoup trop d'articles académiques d'économie appliquée, l'exposé théorique initial vise avant tout à donner cette « impression » par des allusions à une foule de travaux et d'arguments d'autorité jouant le rôle de « sésame » et cherchant à faire présumer, souvent à tort, une connaissance intime (science) du problème étudié.

---

travaux statistiques poursuivent la tradition de Victor Kuznetz, de Milton Friedman et Anna Schwartz (en particulier leur « Histoire monétaire des Etats-Unis de (1963).

La prétention à la connaissance est dangereuse car elle pousse à des entreprises chimériques ou prématurées. Comme le dit le proverbe familier : *« Le mieux est souvent l'ennemi du bien »*, expression qu'on serait tenté ici d'adopter à la lettre ; Friedrich Hayek disait : *« Poursuivre des objectifs que nul ne peut atteindre peut empêcher la réalisation du possible »*. Dans ce texte, je tente d'illustrer le propos en exposant que nourrir exagérément ou trop vite une ambition technique conduit toujours à négliger des aspects importants de la vérité et parfois même à construire des explications et modèles franchement fallacieux. Les deux parties de ce chapitre illustreront l'un et l'autre.

Cette prétention à la connaissance par l'abus de technicité s'exprime pratiquement de deux façons : d'abord, une modélisation sophistiquée et obscure, tendant à réserver « la » vérité à quelques mathématiciens naïfs ; ensuite, une modélisation au contraire simpliste, dans le but d'obtenir des paramètres estimés dans les relations supposées. Ces deux formes s'enchaînent paradoxalement dans les travaux de recherche lorsqu'on glisse du modèle théorique au modèle économétrique ; on les retrouve aussi dans les deux parties de ce texte.

Considérons en premier lieu la théorie néoclassique moderne de la croissance, celle qui, issue des travaux de Robert Solow, Robert Barro, Robert Lucas et du célèbre trio, Grégory Mankiw, David Romer et David Weil, inspire encore une quantité impressionnante de travaux empiriques dans une euphorie ininterrompue et addictogène de « bons R^2 » [Xavier Salah i Martin (1997)]. Elle comporte de nombreuses failles, certaines très profondes, qui font sérieusement douter de son efficacité au service des explications de la croissance. Comme la critique n'est pas le but ultime de ce livre, nous montrerons pourquoi et comment l'analyse de la croissance peut être reprise sous forme d'une théorie à la fois plus descriptive et plus générale, centrée sur notre modèle MIE (Modèle à Investissements Effectifs).

En second lieu, les défauts de la Nouvelle Synthèse Néo-Classique (ou Néo-Keynésienne) se révèlent à travers le prisme de la relation technicité-efficacité qui nous sert de guide. Que ce soit pour le traitement des anticipations ou pour l'approche impulsions-propagation, l'école dominante se fourvoie, avec des conséquences sur la qualité des prévisions et des moyens d'action. Là encore et grâce à notre modèle Océan, nous empruntons la voie d'une complexité assumée.

En embrassant un champ aussi large, il s'agit de convaincre le lecteur que c'est l'ensemble de la macroéconomie qui mérite, sinon un nettoyage, du moins une réflexion approfondie quant à son efficacité et son dépassement, dans une perspective de retour aux enseignements fondamentaux de nos derniers très grands économistes.

Avant de passer à ces deux parties, observons que la bifurcation marquant le fourvoiement de la macroéconomie est assez clairement datée des années soixante-dix et quatre-vingt du dernier siècle[4], à partir de deux progrès majeurs de la pensée

---

[4] Dans l'ouvrage « Le Monétarisme » paru en 1987, j'évoquais l'héritage des idées néolibérales incarnées par Friedman recueilli par trois écoles nouvelles ou renouvelées : L'école de l'offre, celle du « renouveau autrichien » et enfin celle des anticipations rationnelles. Les deux premières ont perduré (Thomas Sowell, Georges Gilder, Pascal Salin ...etc.) mais elles ont perdu de leur influence, peut-être surtout parce qu'elles ont eu très vite partie liée avec des expériences politiques radicales réussies (Reagan et Thatcher) mais que l'Université n'a pas souhaité honorer. Dès lors, la pensée académique victorieuse fut celle des « anticipations rationnelles », qui renia parfois ses racines jusqu'à l'absurde [la théorie des « cycles réels » (RBC)] mais qui permit de « recycler » les universitaires et politiciens keynésiens. D'où la fameuse nouvelle synthèse néo-keynésienne NSNK des années 1985-2008.

macroéconomique : d'une part, son adaptation aux anticipations rationnelles, qui révolutionnait l'analyse de l'équilibre et des déséquilibres à court ou moyen terme et d'autre part l'invention du concept de capital humain qui, au moins dans un premier temps, concernait plutôt la croissance. Nous nous proposons de montrer que ces virages furent mal pris principalement par souci de préserver ou de promouvoir les vérifications empiriques.

Section 2 Critique du modèle moderne de croissance

Dans beaucoup de modèles néoclassiques modernes, on considère que des pays connaissent des croissances différentes ou qu'un pays voit changer son rythme de croissance parce que (sic) « les taux « s » d'investissement sont différents ». Les taux « s » sont solidifiés dans le « potentiel » des économies et dirigent ensuite les trajectoires de croissance durant les « périodes transitoires ». Ce raisonnement a été surtout mené pour deux facteurs, le capital physique et le capital humain (soient habituellement s_K et s_H). Il s'agit de postulats sans portée explicative réelle car la théorie n'en donne pas la raison, comme si ces grandeurs étaient décidées par un quelconque « Joseph Staline » au sein d'une société socialiste. Dire que le pays qui investit le plus a la croissance la plus forte, c'est un peu comme assurer gravement que le coureur qui gagne la course est celui qui a appuyé le plus sur les pédales ! Pour qu'une croissance plus forte soit constatée, il a bien fallu que ces taux d'investissement soient plus élevés car sinon le modèle de fonction de production néoclassique n'aurait plus de sens, semblable ainsi au boa des cartoons se dévorant lui-même.

Voilà donc l'impasse majeure de cette école de pensée, commise sous la pression du désir de rentabilité économétrique.

On ne s'étonne donc pas que les travaux empiriques de la forme « équation de croissance » (voir encadré ci-dessous) tirés de cette approche, soient couronnés de succès en termes de significativité, puisqu'on trouve une même réalité profonde de propension de croissance des deux côtés de l'équation testée[5]. Les taux d'investissement reflètent cette propension autant qu'ils ne causent la croissance économique elle-même. Il est alors avantageux techniquement de placer dans l'équation de croissance des valeurs prédéterminées des taux d'investissement et des croissances du capital physique et du capital humain qu'ils sous-entendent. Ça l'est d'autant plus qu'on évite ainsi de poser les problèmes d'identification malgré un biais d'Haavelmo aveuglant. On le fait encore dans les équations dites de convergence « conditionnelle » avec un succès apparent qui explique la prolifération de ces études à la productivité douteuse. Car c'est une théorie tronquée qui ne fait que constater et sans portée explicative réelle. L'éclairage fondamental ne peut venir que des raisons des investissements réalisés (expliquer la force du coup de pédale) et passe donc par l'approfondissement d'une fonction réaliste pour chaque forme de facteur.

Le mauvais chemin a été pris dans les années quatre-vingt lorsque sous la pression de l'empirisme prématuré typique de la macroéconomie anglo-saxonne[6], les économistes ont voulu donner un sens fonctionnel explicatif à la simple **comptabilité**

---

[5] Ils ne testent fait que la validité approximative de la fonction de production du modèle, sans éclairer quoi que ce soit au-delà.

[6] On notera cependant quelques exceptions, en particulier l'œuvre historico-réaliste de Thomas Sowell, héritier de Milton Friedman, que nous retrouverons plus loin.

de croissance telle qu'elle se pratiquait auparavant. Auparavant donc, la comptabilité de croissance était **rétrospective** ; on se bornait à constater plus ou moins bien ce qui dans une croissance passée pouvait être imputé au facteur capital, au facteur travail ou par différence, au résidu de Solow assimilé au progrès technique. Le taux d'investissement était donc déjà connu au moment de l'enquête et la question de savoir de quoi il découlait n'avait plus guère d'importance dans une démarche de pure description rétrospective. La comptabilité de croissance horizontale, c'est-à-dire entre pays, possède la même caractéristique d'être tournée vers le passé et l'avantage de s'appuyer sur des taux d'accumulation de facteurs déjà connus.

Il était par contre abusif de convertir cette démarche en théorie en remplissant arbitrairement les cases des taux de croissance de K, de H et sans se poser la question d'une genèse du progrès technique. Pourtant et paradoxalement, si l'on veut réaliser une bonne théorie de la croissance économique, c'est par ce chemin de la comptabilité de croissance qu'il faut passer.

Les travaux théorico-empiriques des néoclassiques modernes ont proliféré après 1980, les plus emblématiques étant ceux de Mankiw, Romer et Weil (1992), ceux de Barro (1991) et Barro et Sala i Martin (1992). Par des procédés mathématiques astucieux, ils inventent la notion de « potentiel » ; l'écart entre celui-ci et la situation présente effective d'une économie conduit à un mouvement de celle-ci vers celui-là. L'analogie avec le courant électrique et la différence de potentiel (DDP ou tension) est élégante, ce qui a contribué à rendre cette procédure immensément populaire jusqu'à nos jours[7].

---

[7] Ces travaux d'équation de croissance et de « convergence conditionnelle » sont d'ailleurs souvent purement empiriques, ne se souciant plus de proposer un lien avec les taux d'investissement. A ce titre, ils évacuent certes les problèmes de colinéarité et de redondance mais c'est au prix d'une perte totale

----

<u>Encadré 1-1</u> Du potentiel à la convergence conditionnelle : les équations de croissance néoclassiques

Soit y* le niveau de revenu par tête correspondant au « potentiel » d'un pays ; c'est une perspective autorisée par l'ensemble des éléments en rapport avec la croissance qui le caractérisent. Soit y_0 le niveau de revenu par tête effectif de l'époque de départ. On fait l'hypothèse que la croissance naît de l'écart entre les deux et se déroule à un rythme d'autant plus rapide que cet écart est grand. On a donc la relation suivante :

$$(1) \qquad dy/y = \beta\,(y^* - y_0)$$

La croissance du revenu par tête est positive si le potentiel est supérieur au revenu par tête actuel et négative dans le cas inverse. La grandeur β est positive.

Le potentiel y* est bâti comme une combinaison linéaire de tous les éléments pertinents Z_j (taux d'épargne en capital physique et humain, facteurs institutionnels, démographiques et politiques, d'ouverture et moétaires…etc) soit :

$$(2) \qquad y^* = \sum \gamma_j . Z_j \quad \text{(j variant de 1 à m)}$$

En remplaçant y* par sa valeur dans l'équation (1) on obtient une **équation de croissance** type :

$$(3) \qquad dy/y = -\beta\, y_0 + \beta\, \gamma_1 . Z_1 + \beta\, \gamma_2 Z_2 + \dots$$

Très souvent et dans le meilleur des cas, la grandeur Z_1 est le taux d'investissement de l'économie, supposé fixé. Parallèlement, une vérification considérant que le paramètre (-β) est significativement négatif est l'expression d'une convergence conditionnelle (en contrôlant pour les éléments du potentiel). L'hypothèse cruciale à cet égard est l'idée selon laquelle plus l'écart (y^*-y_0) est grand et plus

de lien avec la théorie néoclassique sous-jacente et par conséquent un renoncement à autre chose que des explications partielles *ad hoc*. Les travaux de Robert Barro [par exemple Robert Barro (1997)] sont de cette catégorie ainsi qu'une multitude d'autres.

rapide est l'ajustement. Cette hypothèse **exprime** donc bien la convergence conditionnelle mais ne l'**explique** pas. On voit ci-dessous qu'une « objection d'existence » peut être facilement formulée à l'encontre du modèle de potentiel et des applications de convergence conditionnelle.

Dès l'abord, se pose la question de l'existence même de cet écart entre le « potentiel » et la situation du moment, écart dont on nous dit que c'est le moteur de la croissance. Comment s'est-il creusé ? Plus exactement comment, dans la logique du modèle néoclassique, a-t-il pu se creuser si l'on admet avec le modèle qu'il est à l'origine de sa propre destruction ? Si le « potentiel » présumé passe progressivement en dessous du niveau de revenu effectivement atteint par un pays, qu'est-ce qui empêche le processus de déclin de se déclencher avant le temps béni de l'enquête statistique ? Si ce « potentiel » commence à devenir plus élevé que le niveau effectif, qu'est-ce qui empêche le pays de voir sa croissance s'accélérer dès le début du processus ? A ces deux questions pourtant simples, le modèle néoclassique standard n'apporte pas de réponses. Le seul cas où son raisonnement semble approprié est celui d'un progrès ou d'une catastrophe faisant varier le « potentiel » en très peu de temps. Et dans ce cas, il devrait suffire d'attribuer ces changements évidents à un facteur de production ou d'organisation bien identifié (par exemple, les réformes politiques et sociales de Deng Xiaoping en Chine). Cette critique « existentielle » est fondamentale pour comprendre l'opposition à l'idée de convergence conditionnelle.

Qu'à cela ne tienne ! Chaque économiste place dans le « potentiel » le facteur qui lui tient à cœur pour son étude particulière (santé, ouverture, démocratie, régime monétaire, inflation…) et s'empresse d'élaborer le modèle économétrique correspondant. Des « équations de croissance » sont alors mises en œuvre, construites de façon telle qu'elles seront faciles à estimer, en particulier en remplaçant, du côté droit explicatif, tous les pourcentages de progression des facteurs par des variables Z_j **statiques**[8] et malheureusement aussi, en faisant souvent l'« hypothèse interdite » d'un taux d'investissement exogène pour le capital physique, pour le capital humain ou les autres facteurs. Ces mêmes équations sont très facilement testées à l'aide de données de panel pour lesquelles une économétrie efficace a été progressivement pensée et développée.

Pour réaliser cela et relancer en permanence le programme sans fin des « équations de croissance », il faut encore maltraiter les variations des grandeurs explicatives (taux d'investissement en capital physique, taux d'investissement en capital humain, taux d'évolution du progrès technique…) tantôt en en faisant des données exogènes, tantôt en prenant des « variables approchées » grossières, tantôt enfin en les neutralisant pour les rendre artificiellement identiques d'un pays à l'autre. **La recherche des causes ne remonte pas en amont de ces grandeurs clef placées dans les modèles économétriques**. L'hypothèse selon laquelle les valeurs des « s_i » (les divers taux d'investissement) restent inchangées durant tout le processus vers l'état stable est aussi sujette à caution. Cette hypothèse est évidemment une source d'irréalisme voire d'incohérence car durant les très longues « périodes transitoires » reconnues par les modèles néoclassiques eux-mêmes, les productivités marginales, c'est-à-dire en gros les rendements des facteurs

---

[8] C'est ainsi que dans les modèles de Jones (1995) et Paul Romer (1990) et consacrés à l'**accumulation** du progrès technique, une des deux variables principales choisies pour expliquer cette accumulation est le **stock** de progrès technique lui-même.

(K, H…), sont évidemment variables le long des fonctions de production. Ceci posé, comment peut-on bloquer les divers « s_i » à leur valeur de départ c'est à dire affirmer implicitement, et comble dans un modèle « néoclassique », que des rendements changeants n'infléchissent en rien le désir d'investir ? Le raccourci n'aurait de valeur qu'en présence d'un seul agent consommateur–investisseur fixant d'emblée son taux d'investissement pour une durée connue et sans incertitude sur rien (modèle de Ramsey). Il n'en a aucune dans le monde réel !

A ces défauts principaux on peut encore rajouter tous ceux qui viennent de l'omission de ces facteurs importants que sont l'incertitude ou la pluralité du capital humain et de ses rôles. Comme la notion de potentiel est exploitée de façon à considérer le processus de croissance comme un flux prédéterminé, il n'y a pas de place pour les accidents de parcours, en particulier le rôle des crises. C'est d'autant plus étonnant que ces dernières impactent considérablement la croissance à long terme par les dégâts qu'elles provoquent dans les diverses trajectoires d'investissement. Par exemple, ne pas analyser pourquoi une politique monétaire laxiste peut conduire à préférer durablement les placements spéculatifs à l'investissement productif est une faute grave par omission.

S'agissant encore du capital humain, le progrès indubitable que ce nouvel agrégat faisait faire à l'analyse de la production et à sa variation a été stoppé parce qu'on a négligé le fait qu'il est en réalité multiforme, dans ses natures et dans ses rôles pour la croissance. On imagine que la perspective décourageante d'avoir à effectuer plusieurs évaluations de ces diverses variantes risquait de souligner la vanité des efforts d'estimation économétrique et a constitué l'obstacle majeur à l'approfondissement théorique souhaitable. On s'est donc contenté de « bâcler vite fait » la mesure d'un seul et unique « capital humain »[9].

De plus, du point de vue économétrique, la procédure utilisée est lourde de dangers. Comme une partie de l'influence des variables constituant le fameux « potentiel » passe en réalité par les fonctions d'investissement des facteurs (capital, physique, capital humain, niveau technique), les inscrire ensemble dans une même équation expliquant la croissance provoque des phénomènes de multi-colinéarité préjudiciables à la qualité des estimations. Ainsi par exemple, si le régime fiscal agit sur la croissance, c'est probablement en grande partie parce qu'il a un impact sur le taux d'investissement, notamment en capital physique ; placer d'emblée le taux d'investissement dans l'équation minore mécaniquement le rôle joué par le régime fiscal tout en obscurcissant le chemin par lequel on pourrait l'expliquer.

Cette théorie néoclassique moderne a réussi à imposer des thèmes populaires mais pas toujours très pertinents comme celui de la convergence conditionnelle. De quoi s'agit-il ? Il est dit qu'après avoir « contrôlé » économétriquement pour tenir compte des éléments composant le potentiel, il reste une tendance à ce que les pays pauvres (à faible revenu par tête au départ) rattrapent les pays riches. Les équations de croissance estimées le font souvent apparaître grâce au coefficient significativement négatif de la variable y_{i0} (voir encadré 1-1). C'est l'exemple même d'un problème mal posé auquel on trouve une solution artificielle. En effet, s'il demeure un avantage aux pays pauvres, une fois reconnus tous les facteurs de croissance alignés dans le potentiel, c'est tout bonnement que ce dernier est incomplet. C'est comme une échelle

---

[9] Il y en a eu finalement deux, avec le capital-santé.

composée de plusieurs barreaux mais à laquelle on aurait omis de mettre le dernier ; naturellement cela crée l'évènement et de l'émotion ! Ainsi donc, une bonne théorie de la croissance n'a pas de raison de négliger l'une quelconque des variables explicatives. Pourra-t-on néanmoins excuser cette pratique en se souvenant que c'est à partir d'un même procédé que se définit l'« état stable » de Solow, situation telle que le mouvement résiduel est produit simplement par une variable omise (le progrès technique exogène) ?
En conclusion pour l'analyse de la croissance, le désir de passer très tôt à des évaluations économétriques a conduit à interrompre ou à vicier la procédure de recherche des explications théoriques les plus pertinentes et les plus complètes.

Que faire ?

Obsédés par la nécessité d'évaluer et de créer les meilleures conditions pour faire des estimations, les Néoclassiques Anglo-Saxons spécialistes de la croissance ont donc accumulé les péchés théoriques et empiriques par action et par omission. Ils n'en entraînent pas moins une foule innombrable de disciples conformistes, intéressés et zélés. Je propose donc de reprendre la réflexion, sous un angle constructif cette fois.

La comptabilité de croissance sert de point de départ. Une fois déterminée une fonction de production regroupant tous les facteurs admis par la réflexion contemporaine [capital physique, capital humain relatif à la production, capital des procédés techniques (niveau technique), travail et enfin facteur d'organisation] ce sont les croissances de ces facteurs qui concourent à due proportion à la croissance du PIB. Il suffit alors de construire autant de fonctions d'investissement effectif qu'il y a de facteurs, soit cinq et de rechercher les nombreuses variables à faire figurer dans ces fonctions d'investissement ; on obtient ainsi un deuxième niveau explicatif, lui-même précédé en amont par un troisième et d'autres niveaux plus lointains, au fur et à mesure que les variables explicatives sont expliquées à leur tour par d'autres. Cette organisation pyramidale conduit à recenser énormément de causes de la croissance du PIB, en fait celles qui peuvent paraître pertinentes mais toutes rattachées à des investissements précis dans tel ou tel facteur de la fonction de production. C'est ce travail modeste et long d'identification des causes qu'effectue le modèle MIE (Modèle à Investissements Effectifs) que nous verrons ultérieurement. Évidemment, on ne part pas de zéro, loin de là ! Car des pans entiers de la construction néoclassique sont parfaitement utilisables et pertinents. Ainsi, par exemple, les modèles schumpétériens de « destruction créatrice » s'intègrent parfaitement dans la recherche d'une bonne équation d'investissement en technologie car ils visaient déjà à aborder de façon plus réaliste la genèse du progrès technique.

Le modèle MIE sera donc une généralisation des approches « endogènes » de la croissance, exprimées par les défenseurs d'un progrès technique construit dépendant du mouvement de croissance lui-même ou de divers mécanismes de processus cumulatifs. **MIE posera d'emblée que les forces de croissance sont canalisées dans les fonctions d'investissement des nombreux facteurs de production, reflétant toutes sortes de causes récentes diverses mais aussi les élans découlant de la croissance passée.**

MIE se caractérisera aussi concrètement par une grande diversification de la notion de capital humain (ou culture humaine) et une imbrication indissociable des éléments de long et de court terme. En effet, des fonctions d'investissement (par exemple celle du capital physique) sont à la fois valables à long terme comme approche de la croissance et à court ou moyen terme comme éléments du modèle de fluctuations. La fonction en temps continu éclairant la croissance du capital physique est l'intersection naturelle des champs d'analyse macroéconomique à court, moyen et long terme. Elle est donc unique, quels que soient le cadre et l'horizon de court ou de long terme.

La leçon politique principale de MIE est que seuls les investissements sont à l'origine de la croissance et qu'il n'y a pas d'alternative à l'obligation de les accroître consciemment pour progresser.

Section 3 Critique du modèle moderne de fluctuations

Les analyses de l'équilibre et des déséquilibres préludant à la mise en place des politiques conjoncturelles constituent un deuxième champ de réflexion de la macroéconomie, une réflexion qui se doit d'être efficace et qui ne l'est pas suffisamment.

Les années soixante-dix du XXème siècle marquent à la fois de grands progrès et une bifurcation néfaste de la pensée macroéconomique. Auparavant, la théorie keynésienne de la synthèse néoclassique (IS-LM) se caractérisait par une prédominance des conditions de demande et une vision mécaniciste des comportements et des fonctions sur fond de forte rigidité des prix et salaires. Contre toute évidence, les anticipations ne jouaient qu'un rôle mineur dans les modèles. La relation de Phillips n'a fait que compléter ces caractéristiques, à considérer sans hésitation comme des défauts.

Parmi les grands progrès intervenus entre 1968 et 1980 figure le retour des considérations d'offre et de la nécessaire rentabilité sur les divers marchés, notamment celui du travail[10] (redécouverte du chômage classique « à la Jacques Rueff »). De même, après avoir inventorié les causes de la rigidité des prix et salaires, on en est arrivé à réintroduire des formes de flexibilité praticable souvent exprimées en termes de réformes ou d'ajustement. Les deux domaines qui évoluent le plus dans le bon sens sont à l'époque celui des anticipations et celui d'une indispensable rationalité générale des comportements et anticipations. Ces derniers font l'objet d'une refondation **micro**économique qui a débouché sur des modèles **macro**économiques de type impulsion-propagation où les chocs aléatoires d'offre et de demande sont envisagés comme les sources principales des fluctuations. La notion de « chocs d'offre » est donc intégrée, avec la possibilité de créer des cycles « réels ».

Vers 1975, les avancées de la pensée macroéconomique ont paru décisives avec, quelques années après, la mise en place d'une nouvelle synthèse néoclassique (NSNC alias NSNK) dominante jusqu'en 2008. Elles ont fourni un socle à la politique macroéconomique conjoncturelle et de prévention des crises. Éviter les chocs évitables, surtout de demande, accompagner et neutraliser les chocs inévitables, surtout d'offre, sont vite apparus possible, en particulier pour les banques centrales et par la politique monétaire.

La bifurcation qui s'est produite à ce moment appelle néanmoins un même constat critique que celui porté plus haut à la théorie néoclassique de la croissance : **Le désir impatient de profiter des circonstances pour construire des modèles calculables a enfermé la démarche de progrès dans une**

[10] Voir par exemple l'ouvrage de Jeffrey Sachs et Felipe Larrain (1992)

impasse. Cela s'est produit par un processus de restriction théorique tel que beaucoup d'aspects importants, mais difficiles à « cadrer » dans les démarches techniques, ont été écartés. On évoquera trois questions justifiant ce constat : le choix des anticipations rationnelles au sens fort, l'élimination du profit anticipé, et la négligence des causes endogènes de cycles.

Les anticipations rationnelles

Comme pour la croissance, commençons par le plus grave, soit ici le traitement des anticipations. L'heureuse découverte signalée plus haut s'est indûment restreinte à un nombre limité d'applications, celles qui pouvaient déboucher sur des mesures chiffrées et non celles qui ne le pouvaient pas. Ce choix ne fut pas forcément conscient, mais le désir ou l'obligation d'appliquer rapidement a écarté la catégorie des anticipations [11]qui ne s'y prêtaient pas.

Une analyse superficielle du champ des prévisions impliquées dans les fluctuations fait admettre qu'il en existe sept majeures : **les anticipations d'inflation future, de revenu futur, de valeur des actifs, de profit à court terme, de profit à long terme, de politique monétaire et de risque financier**[12]. Seules les deux premières ont été sérieusement exploitées dans les modèles NSNK. Pourtant, nul observateur attentif de la conjoncture et des risques de crises ne peut prétendre que les cinq autres n'ont pas d'importance. Elles présentent seulement pour les technicistes l'inconvénient de ne pas se prêter facilement au traitement réducteur que l'on a fait subir aux deux premières. Les « marchés » et secteurs où ces anticipations

[11] ...et les « marchés » correspondants, le plus important étant le marché des crédits.

[12] Ce sont les catégories retenues dans le modèle Océan [Bernard Landais (2017)] mais il en existe d'autres.

négligées jouent le plus grand rôle ont été eux-mêmes négligés[13]ou marginalisés.

Les anticipations d'**inflation** et celles de **revenu futur** étaient déjà présentes dans les fonctions de demande de monnaie et de la consommation (du revenu permanent ou du cycle vital) des courants dominants keynésien et monétariste. Elles y étaient notoirement maltraitées par les méthodes *ad hoc* des anticipations adaptatives, extrapolatives ou régressives et furent donc heureusement « libérées » par l'arrivée des anticipations rationnelles.

Les cinq autres renvoyaient souvent à des théories plus reculées dans le temps (Juglar, Irving Fisher, Friedrich Hayek, Hyman Minsky…) et, soit n'avaient plus beaucoup de « champions » dans la profession, soit se montraient d'emblée si fortement insaisissables et volatiles qu'elles décourageaient à l'avance toute tentative de « domestication » économétrique.

Ces péchés par omission s'expliquent aussi par la nature du traitement que la théorie des anticipations rationnelles (TAR) a fait subir aux prévisions. Nous avons déjà noté que la TAR concrétise le progrès d'un retour à la rationalité, reconnaissant à juste raison l'intelligence des agents au moment d'établir leurs prévisions. Mais, dans le désir de calibrer et résoudre numériquement les nouveaux modèles de la NSNK et sans chercher plus loin, on a privilégié l'idée folle que les agents

---

[13] Un exemple très clair de l'avantage technique recherché au détriment des réalités est celui de la politique monétaire, « domestiquée » dans la règle de Taylor. L'écart de production et l'écart d'inflation (obtenus grâce au choix hâtif de ces deux types d'anticipations, sont les seuls éléments pris en compte, les marchés de crédits ou d'actifs sont ignorés et l'instrument de taux d'intérêt est le seul. Au prix de cet irréalisme, rendu encore plus flagrant depuis la crise de 2008, on profile une quantité de tentatives d'estimation de fonctions de réaction pour une quantité de banques centrales, pour une quantité de contextes divers. Est-ce vraiment opportun et sérieux ?

pouvaient prévoir la vraie solution moyenne pour l'inflation future et le PIB d'équilibre, au facteur aléatoire près. Si dans les équations d'un modèle figurent des grandeurs d'anticipation et si on n'a pas envie de les exprimer par une autre fonction surajoutant sa complication, on en est effectivement réduit à l'expédient de considérer que l'anticipation vaut en moyenne la vraie valeur inconnue finale. C'est ce qui est fait avec les deux anticipations « domestiquées » du produit et des prix futurs et c'est ce qu'on ne pouvait faire aisément avec les cinq anticipations plus « sauvages » de notre liste, qui ont donc été délaissées.

Les tentatives récentes montrent au moins que les AR dures et simplistes n'ont pas d'alternative facile à mettre au point[14]. La technicité est dorénavant en échec.

On a donc hérité de modèles gravement amputés avec lesquels on s'est notamment cru capable de mener une politique monétaire efficace mais qui devenaient faux et inopérants dans toutes les situations un peu exceptionnelles impliquant fortement les cinq anticipations négligées. Ce n'aurait pas été trop gênant si ces situations avaient été rares ou inexistantes comme depuis 1945 mais malheureusement, la grande récession de 2008 est arrivée… et ce fut la débâcle du modèle NSNK !

---

[14] On se fait une idée de l'importance de ces déviations déplorables en suivant l'itinéraire de Michaël Woodford, figure emblématique de la NSNK et auteur d'un ouvrage de référence dédié à la politique monétaire [Michaël Woodford (2003)], à l'apogée de cette période d'illusions. S'étant récemment avisé des critiques portées aux AR après 2008, il s'est engagé dans une série de « raccommodages » [Michaël Woodford (2013)] quant à la manière de traiter la construction des anticipations. Constatant que la version « dure » des anticipations rationnelles menait à une impasse, il observe (après trente pages de mathématiques intimidantes) qu'il existe plusieurs pistes pour découvrir comment se forment les prévisions dans le monde réel, avec différents types de modèles et dans différents contextes (ou régimes). Sa conclusion est donc que c'est encore trop complexe et difficile à maîtriser…Confondant !

En conséquence, l'option techniciste a limité et détourné les progrès de la macroéconomie contemporaine jusqu'à oublier les enseignements des (bonnes) théories endogènes des fluctuations. Avant 2008, à côté des approches « impulsion-propagation », justes mais incomplètes, n'apparaissait plus la tradition de « tension-rupture » qui avait fait notamment ses preuves au moment de la Grande Dépression des années 30[15]. Cette tradition est ravivée aujourd'hui par les analyses de montée des périls d'excès de crédit et de bulles d'actifs. Elle s'est heureusement rendue opérationnelle par les indicateurs de vulnérabilité et de stress financier qu'établissent des institutions[16]de plus en plus nombreuses. Les travaux correspondants sont directement utiles à l'action en repérant l'intensité des tensions sur divers marchés, elles-mêmes transposées en variations possibles des anticipations ou en probabilités de rupture.

Un autre exemple : l'élimination du profit anticipé

On pourrait aussi développer et illustrer ce qui précède à partir des impasses concernant par exemple les anticipations de valeurs d'actifs ou de risque financier. Ici, on se bornera à comprendre ce qu'il advient du profit anticipé dans l'analyse macroéconomique moderne et pourquoi son élimination pose un problème majeur d'efficacité.

Quand on étudie la macroéconomie ou quand on l'enseigne, on peut facilement se passer de connaître le mot « profit ». C'est surprenant, surtout après ce qui a été dit de la redécouverte des conditions d'offre dans les modèles d'équilibre général. Pourtant, à peine l'étudiant quitte-t-il le cours de

---

[15] Présente dans les œuvres de Friedrich Hayek et Irving Fisher par exemple.

[16] En particulier, la Banque des Règlements Internationaux (BRI, BIS en anglais) dont le siège est à Bâle.

microéconomie où le profit s'étale partout et où la production des firmes se fixe par rapport à lui dans toutes les configurations de marché, qu'il doit l'oublier en cours de macroéconomie, au bénéfice douteux de considérations sur les coûts de production (prix du travail, des matières premières, des produits importés...) ou sur l'évolution de la demande globale. La raison profonde de cet « oubli » est que ces derniers éléments sont mesurables tandis que les profits le sont moins et les anticipations de profit encore moins. Même Victor Zarnowitz (1997) qui a tenté de réhabiliter le profit dans l'analyse des fluctuations, a dû se contenter de tests économétriques fort peu concluants, car fondés sur les **profits réalisés** *a posteriori* et non sur les véritables déterminants de l'offre de produit que sont les **profits anticipés**. Or dans ce domaine comme dans beaucoup, il y a loin de la coupe aux lèvres...

Pourtant, la réflexion microéconomique est justifiée dans deux domaines clef de la détermination de l'équilibre macroéconomique : le produit offert dépend de sa rentabilité supposée à court ou moyen terme (le temps nécessaire au processus de production proprement dit) et surtout, l'investissement, qui est à la fois une forme de demande immédiate et une promesse d'offre future, est entrepris à l'évidence sur la base d'un calcul coûts-bénéfices prospectif. Cette réflexion devrait donc se transmettre aux modèles macroéconomiques pour qu'ils soient explicites, éclairants et par conséquent efficaces. La quête de mesure a fait ici oublier la science véritable, science d'autant plus nécessaire en période de crise, quand les facteurs d'anticipation sont clairement à mettre au premier plan et quand les calculs mécaniques repassent au second plan.

Derrière cette élimination de la notion de profit se cache celle de l'entrepreneur lui-même. Autant les théories pré-keynésiennes des crises étaient attentives en permanence au comportement complexe et humain des chefs d'entreprise, autant la macroéconomie moderne les renvoie dans la sphère d'une gestion mécanique, digne d'une bonne machine à calculer ou désormais de logiciels-robots impavides. La science macroéconomique s'en trouve manifestement appauvrie.

Une application : l'optimalité en zone monétaire

Le caractère incomplet de la démarche techniciste NSNK se vérifie à l'évidence dans le cadre d'une appréciation du caractère optimal d'un arrangement monétaire comme celui d'une monnaie unique. La théorie des Zones Monétaires Optimales (ZMO) est directement dérivée du courant standard de fluctuations exogènes[17]. Les chocs d'offre et de demande y sont toujours à l'origine des dangers et s'ils y sont asymétriques parmi les membres d'une union cela ne change rien au problème du caractère hémiplégique de l'analyse standard des déséquilibres. La crise de 2008 en Europe a bien prouvé que la théorie des ZMO passe complètement à côté du réel. Les chocs asymétriques ont été aux abonnés absents durant les vingt dernières années de la vie de la Zone Euro et les « ajustements » qui expriment la dose de flexibilité compatible avec les modèles NSNK n'ont pas eu toujours la force souhaitée après cette crise et son rebond[18].

---

17 Il existe une version « endogène » de la théorie des ZMO [J Frankel et A Rose (1997)] mais elle ne présente ses conclusions (optimistes) qu'en considérant l'impact favorable du développement des échanges qu'entraîne une monnaie unique sur la probabilité d'apparition des **chocs** asymétriques. C'est en quelque sorte de l' « endogène-exogène » !

18 La crise actuelle (2020) ne révèle encore rien à ce sujet, sinon encore une fois que le choc créateur de trouble n'est pas asymétrique.

Au sein d'une zone monétaire, les dangers sont avant tout ceux d'une évolution endogène inhérente à son fonctionnement et à la politique monétaire menée, qui la fragilisent avant la crise et entrainent ultérieurement les besoins d'ajustement ! Les cinq anticipations « oubliées » y jouent des rôles déterminants et les tensions préalables s'y étalent sur des années. Les séquelles d'après récession s'observent aussi sur de longues périodes. Elles sont compliquées par des tensions financières secondaires, comme en témoigne la crise européenne des dettes souveraines de 2011. Les modèles VAR et autres ne sont donc pas du tout aptes à décrire ou à prévoir la plupart des situations concrètes et notamment les plus délicates d'entre elles. Ceci vaut d'ailleurs tout autant pour les économies nationales particulières que pour les unions monétaires.

Que faire ?

Comme pour la croissance, la solution revient à élargir le champ théorique pour réintroduire les questions pour lesquelles le courant techniciste dominant a fait les impasses les plus graves. Le modèle Océan prévoit de redonner vie aux canaux de transmission oubliés par les modèles NSNK, en l'occurrence ceux qui font appel à la notion de profit anticipé, aux marchés de crédit et plus généralement aux cinq formes d'anticipations délaissées jusqu'à présent. S'y ajoutent deux champs de recherche concernant le modèle d'anticipations : (1) Qu'entend-on par anticipations ? Devons-nous nous contenter de les présenter « en moyenne » comme nous l'imposent les démarches économétriques exploitables ou faut-il tenir aussi compte des incertitudes et des probabilités des valeurs extrêmes ? (2) Quelles sont les meilleures fonctions d'anticipations et quelles en sont les variables les plus pertinentes ?

Conclusion

Nous avons tenté de démontrer que la macroéconomie est inefficace trop souvent et dans des domaines importants et variés. Elle l'est parce qu'on a voulu brûler l'étape théorique, c'est-à-dire l'explication compréhensible des phénomènes, pour passer rapidement à l'utilisation des modèles sous leur forme opérationnelle calculée. Des progrès théoriques ont été gaspillés ou insuffisamment exploités à cause de cette impatience. Cela concerne tout autant la théorie de la croissance que celle des fluctuations.

Comme les auteurs les plus célèbres du XXème siècle nous l'ont enseigné, un travail de clarification et de nouvelles idées théoriques sont encore bien souvent nécessaires. Le champ théorique de recherche des causes se doit donc d'être ouvert au maximum. L'efficacité des connaissances macroéconomiques ne passe pas par l'exploitation technique mais par la justesse du regard théorique.

Bibliographie du chapitre 1

Barro, Robert (1991) :« Economic Growth in a Cross-Section of Countries », *Quarterly Journal of Economics*, May.

Bordo, Michaël et Haubrich Joseph (2009) : « Credit Crises, Money and Contractions : A Historical View », *Federal Reserve Bank of Cleveland Working Paper* 09-08, Septembre

FMI (2018) : « World Economic Outlook », Octobre, Box 1-6, page 53.

Frankel, Jeffrey et Rose, Andrew (1997) : « Is EMU More Justifiable Ex-Post than Ex-Ante ? » *European Economic Review*, Vol 41.

Friedman, Milton (1953) : The Methodology of Positive Economics » in « Essays in Positive Economics » University of Chicago Press.

Friedman, Milton et Schwartz, Anna (1963) : « Monetary History of the United States 1867-1960 », NBER, Princeton University Press.

Hayek, Friedrich (1985) : « Droit, Législation et Liberté », PUF (traduction française Raoul Audouin) Vol 2, page 161.

Jones, Charles I (1995) : « Théorie de la croissance endogène » De Boeck Université.

Landais, Bernard (1987) : « Le Monétarisme », Editions Economica.

Landais, Bernard (2017) : « Fluctuations : une synthèse nouvelle », Éditions L'Harmattan.

Mankiw, Gregory, Romer, David et Weil, David (1992) : « A contribution to the Empirics of Economic Growth » *Quarterly Journal of Economics*, Mai.

Ramsey, F, (1928): « A Mathematical Theory of Saving », *The Economic Journal,* Décembre.

Reinhart Carmen et Rogoff Kenneth (2008) : « This Time is Different : A Panoramic View of Eight Centuries of Financial Crisis », *NBER Working Paper 13882.*

Romer, Paul (1990) : « Endogeneous Technical Change » , *Journal of Political Economy*, 98, Octobre.

Sachs, Jeffrey et Larrain, Felipe (1992) : « Macroeconomics in the Global Economy » Prentice-Hall, 1992.

Salah i Martin, Xavier (1997) : « I just ran Four Millions Regressions », *American Economic Review*, Mai.

Lucas, Robert (1990) : « Why doesn't Capital Flow from Rich to Poor Countries ? », *American Economic Review*, 80.

Woodford, Mickaël (2003) : « Interest and Prices », Princeton University Press.

Woodford, Mickaël (2013) : « Macroeconomic Analysis without the Rational Expectations Hypothesis » *Annual Review of Economics*, Août.

Zarnowitz, Victor, (1999) : « Theory and History Behind Business Cycles : Are the 1990's the Onset of an Golden Age ? » *NBER Working Paper*, Mars.

Chapitre 2

Le modèle de croissance à investissements effectifs (MIE)

La croissance est l'un des sujets favoris des économistes mais c'est une préoccupation à éclipses. Elle les fascine mais son explication progresse curieusement par à-coups, probablement parce qu'elle est le sujet qui se prête le moins bien aux tentatives de vérification économétrique prématurées. D'où l'idée de mettre cette explication à plat en convoquant l'ensemble de ses arguments sans arrière-pensées empiriques a priori, dans l'esprit de la comptabilité de croissance. Le modèle à investissements effectifs (MIE) veut atteindre ce but pédagogique par une pure approche déductive, fondée sur des hypothèses réalistes de comportement.

L'analyse de la croissance peut être « fascinante » (Lucas 1990) parce qu'elle traite du sujet probablement le plus évident de la science économique : comment s'accroît la production de biens et services disponibles pour les consommateurs ? Elle l'est d'autant plus qu'il s'agit pour les macroéconomistes d'un thème plutôt facile à aborder. La structure analytique à mettre en place est simple : une **fonction de production globale** avec ses facteurs sélectionnés, assortie d'hypothèses ou de conditions pour la **dynamique d'évolution des facteurs** au cours du temps. Son point de départ est donc la fameuse décomposition factorielle de la croissance ou comptabilité de croissance. Mais il convient d'expliquer ensuite les mouvements des facteurs.

Si l'on s'interroge sur la capacité de progrès et de rebondissement de la théorie de la croissance économique, on est frappé par ses blocages répétitifs, une sorte de « stop and go » intellectuel quelque peu déroutant. Entre la théorie keynésienne d'Harrod-Domar et la théorie néoclassique de Solow et Swan, il s'est déroulé environ vingt ans puis entre cette théorie néoclassique et l' « apparition » de la croissance « endogène », environ trente ans. Dans les années soixante et soixante-dix, professer la théorie de la croissance était devenue l'une des tâches les plus tranquilles de l'Université, un « état stable » en quelque sorte. Et maintenant, trente ans après Paul Romer et Robert Lucas, après l'introduction du capital humain, du « potentiel » et un retour à la destruction créatrice schumpetérienne, on a le sentiment qu'à nouveau tout est dit. Les travaux d'économie appliquée établis sur des bases théoriques contestables, donnent plus dans le raffinement économétrique souvent improductif que dans une mise en perspective réelle des problèmes à résoudre et des décisions à prendre. Pour éviter l'écueil, le « Modèle à Investissements Effectifs » prolonge trois intuitions qui semblent plus prometteuses : l'une consiste à simplifier mais en la rendant effective, la contribution des mouvements d'investissement créateurs de croissance pour aboutir à une présentation endogène généralisée ; les deux autres sont d'une part, de préciser et décomposer le capital humain tout en approfondissant les diverses variantes et d'autre part, d'expliciter et approfondir les rapports entre la croissance et la mondialisation à la lumière du concept de « puissance ».

Encadré 2-1 L'analyse néoclassique de référence : le modèle de Mankiw, Romer et Weill[19]

Le modèle est l'archétype des modèles néoclassiques contemporains ; on peut aussi le dénommer : Modèle de Solow « augmenté ». L'élément novateur est l'introduction du capital humain H dans la fonction de production macroéconomique ; celle-ci comporte désormais trois facteurs : K, L et H. Le niveau technique A est accolé au facteur travail pour former l'entité : travail effectif. Sa progression est fixée et exogène à une vitesse a = dA/dt.

Les rendements sont constants à l'échelle, la somme des exposants étant égale à 1. On a donc la nouvelle fonction de production macroéconomique :

$$\mathbf{Y_t = K^{\alpha}. H^{\beta} (A.L)^{1-\alpha-\beta}}$$

Les hypothèses néoclassiques du modèle de Solow s'appliquent en particulier aux taux d'investissement s_K et s_H considérés comme fixés a priori. Le taux de dépréciation des diverses formes de capital est considéré comme unique soit : $\boldsymbol{\delta}$. Le taux de croissance de la force de travail est une donnée exogène **n.**

La fonction intensive de production est ici elle qui met en rapport **y** = Y/AL avec **k** = K/AL et **h** = H/AL, appelés respectivement produit Y, capital physique K et capital humain H par unité de travail efficace (AL).

Cela donne : $\mathbf{y = k^{\alpha} \cdot h^{\beta}}$

Les valeurs d'équilibre de ces grandeurs k et h définissent l' « état stable ».

---

[19] Gregory Mankiw, David Romer et David Weill (1992)

La recherche de l'« état stable », position de croissance équilibrée telle que $k^* =(K/AL)^*$ et $h^* = (H/AL)^*$ se fait à partir des deux équations suivantes :

$$dk/dt = s_K . y(t) - (n + a + \delta) k(t) = 0$$

$$dh/dt = s_H . y(t) - (n + a + \delta) h(t) = 0$$

on obtient k* et h* comme solutions de ce système de deux équations à deux inconnues :

$$k^*(t) = [(s_K{}^{1-\beta} . s_H{}^{\beta})_{/ (n + a + \delta)]}{}^{[1/ (n+a+\delta)]}$$

$$h^*(t) = [(s_K{}^{\alpha} . s_H{}^{1-\alpha})_{/ (n + a + \delta)]}{}^{[1/ (n+a+\delta)]}$$

Le traitement du progrès technique s'obtient en posant la valeur du niveau technique à un moment t : $A_t = A(0) \times e^{a.t}$; cette expression indique simplement que A croît à un taux a.

A(0) est le niveau technique au temps 0 regroupant de surcroît les dotations en ressources naturelles, le climat et les institutions. Passant aux logarithmes, il vient : $Log(A_t) = Log\ A(0) + (a . t)$

Mankiw, Romer et Weil expriment l'idée que le niveau technique d'un pays i au temps o peut s'énoncer : $Log\ A(0)_i = \gamma + \varepsilon_i$ où γ est une constante et ε_i est un terme particulier exprimant pour chaque pays

On porte toutes ces valeurs (k*, h*…) dans la fonction intensive et on passe aux logarithmes. L'expression du niveau de revenu par unité de travail pour un pays donné **i** et observé au temps t apparaît alors :

$Log\ (Y/L)_{ti} = \gamma + a . \mathbf{t} - (\alpha + \beta)/(1-\alpha-\beta) . Log\ (\mathbf{n}_i+a+\delta) + \alpha/(1-\alpha-\beta) . Log\ \mathbf{s_{Ki}} + \beta/(1-\alpha-\beta) . Log\ \mathbf{s_{Hi}} + \varepsilon_i$

Mankiw Romer et Weil ont utilisé ce modèle théorique pour tester les différences de revenus pour 98 pays en posant que (a+δ) = 5 % quel que soit le pays i. Les trois variables explicatives des différences de revenu par tête en un point fixe (1985) sont donc n_i , s_{Ki} et s_{Hi} ; la variable dynamique t est évidemment neutralisée. Leur étude suppose en outre que tous les pays sont « sur leur potentiel » c'est-à-dire en état stable atteint pour l'année de l'étude (1985). L'hypothèse est évidemment très (très) forte, voire sans réelle vraisemblance dans le contexte même de leur théorie. Quoi qu'il en soit, le résultat économétrique a été plutôt bon ! La leçon théorique de ce modèle est claire mais un peu trop évidente : les pays qui appuient le plus sur les pédales d'investissement (ici les deux catégories K et H) gagnent la course au niveau de vie.

Section 1 Le modèle MIE

Retenant la forme générale de Cobb-Douglas, on postule l'existence de cinq facteurs de production : tout d'abord, les deux facteurs habituels du modèle simple de Solow le travail **L** et le capital physique **K**. Selon ce modèle chéri des manuels élémentaires, deux régimes existent dans une économie : le régime d'état stable où le capital et le travail croissent au même rythme et un régime transitoire marqué par la progression du capital par tête. Par rapport à ce modèle simple de Solow, deux facteurs supplémentaires repris des travaux de Gregory Mankiw, David Romer et David Weill (1992) ou Robert Lucas (1988) pour le capital humain et Charles .I. Jones (1995) pour le stock de connaissances techniques, sont apportés à l'équation. À leur suite, on ajoutera donc le capital humain (ou culture productive) **H1P**[20] servant à réaliser la production de biens et services et les procédés techniques disponibles **A.** On termine par un facteur **O** d'organisation des facteurs et d'environnement

[20] Une typologie des formes de capital humain (cultures humaines) sera décrite plus loin

institutionnel de la production : interdits, règlements, ouverture des marchés, équipements publics… Ce facteur d'échelle est implicitement présent dans nombre de formulations mais figure ici au grand jour.

La grandeur H1P n'est qu'une des formes possibles du capital humain ou de « culture », celle qui est mise en œuvre dans la production de biens et services ; on verra plus loin le détail de cette hypothèse fondamentale pour le modèle ; cinq, voire six autres formes de cultures seront présentées plus loin. Par ailleurs, l'élément dimensionnel O de combinaison, d'organisation et d'environnement des facteurs, varie en fonction des conditions juridiques et des actions nationales ou internationales. Bien que très différent quant au contenu, il pourrait être rapproché du facteur d'amplitude technique, une dimension présente dans le modèle de Solow, dans la mesure où, ne réagissant mécaniquement que peu aux évolutions du système mais les commandant parfois, il peut être considéré comme exogène ou porteur d'influences politiques. A l'inverse, le progrès technique **exogène** n'est plus considéré tel quel, sa présence éventuelle se manifestant comme élément secondaire, une éventuelle constante positive dans la fonction des investissements portant sur A. Le modèle mathématique montrera de quoi dépendent la production et la production par tête, variable associée au niveau de vie ainsi que son taux de croissance, le recours aux logarithmes permettant de linéariser les relations. Passons maintenant à l'exposé détaillé de ce modèle MIE.

Fonction de production

$$Y = O.\ L^{\alpha L}.\ K^{\alpha K}.\ H1P^{\alpha_{h1}}.\ A^{\alpha A}$$

(1) $\text{Log } Y = \text{Log } O + \alpha_L \text{ Log } L + \alpha_K \text{ Log } K + \alpha_{h1}. \text{ Log } H1P + \alpha_A \text{ Log } A$

avec : Y, la production de biens et services.
O, une grandeur regroupant des influences supposées exogènes (organisation, institutions, règlementations, marchés)
L, le travail exprimé en heures totales offertes
K, le capital physique productif.
H1P, le capital humain (ou culture) relatif à la main d'œuvre directement impliquée dans la production.
A, le stock d'innovations et de procédés techniques.

et les paramètres d'élasticité relatifs à chaque contribution α_i. On peut faire l'hypothèse raisonnable de rendements constants à l'échelle soit : ($\alpha_L + \alpha_K + \alpha_{h1} + \alpha_A = 1$).

Fonction de production intensive

(2) $\text{Log}(Y/L) = \text{Log } O + \alpha_A \text{ Log } A + (\alpha_L - 1) \text{ Log } L + \alpha_K \text{ Log } K + \alpha_{h1}. \text{ Log } H1P$

Taux de croissance du produit par heure de travail

(3) $\text{dLog }(Y/L) = \text{dLog } O + \alpha_A \text{ dLog } A + (\alpha_L - 1) \text{ dLog } L + \alpha_K \text{ dLog } K + \alpha_{h1}. \text{ dLog } H1P$

Cette équation 3 est connue dans la littérature comme l'expression de la « comptabilité » de croissance, qui ne devient une théorie que si l'on explicite les causes des variations des facteurs qu'elle retient.

Taux de croissance du produit par tête

(3') $dLog (Y/N) = dLog\ O + \alpha_A\ dLog\ A + \alpha_L\ dLog\ L + \alpha_K\ dLog\ K + \alpha_{h1}.dLog\ H1P - dLog\ N$

avec N, la population totale et son taux de croissance dLogN (noté souvent « **n** » dans la littérature).

L'équation (3) montre que le taux de croissance du niveau de productivité du travail est une combinaison linéaire des taux de croissance des cinq facteurs. On s'intéresse donc à ces derniers, c'est-à-dire aux investissements nets. Dans la théorie de croissance il est insuffisant de dire que l'investissement est primordial ; c'est plus que ça : **L'investissement dans les diverses formes de capital (physique, humain, connaissances techniques) ainsi que les progressions de l'offre de travail et de l'organisation, le plus souvent sur un fond d'efforts conscients, sont les seules choses à prendre en compte.**
La littérature néoclassique a parfois recouru à des raccourcis plutôt contestables pour traiter la question. On fit naguère l'hypothèse que le taux d'investissement du capital physique, valant « s », serait une donnée exogène de départ. À supposer même que la notation anglo-saxonne familière ne conduise pas à confondre ce pourcentage avec celui d'une épargne, les modèles néoclassiques simplifiés qui font varier « s » pour les besoins de leurs causes mettent rarement en avant les raisons d'une telle variation, évoquant parfois un « effort d'accumulation accru » dont rien ne vient dévoiler la raison. Certes, les modèles néoclassiques microéconomiques de type Ramsey (1928) théorisent le taux d'épargne optimal, à l'aide de raisonnements où l'on rencontre des agents représentatifs maximisant l'utilité de la consommation au cours du temps. Mais le progrès qu'on obtient ainsi est insuffisant si on veut sortir des modèles simplifiés « à la Robinson Crusoé » où l'épargne signifie investissement et où ce dernier est fixé à une

valeur optimale de long terme. La consommation et l'investissement sont déterminés par le même agent.

En réalité, les investissements en capital physique ne sont pas souvent le fait des consommateurs et il faut donc en venir à des fonctions d'investissement directes et réalistes impliquant des entreprises agissant par une succession de projets discontinus, à repenser en permanence en temps incertain. Un raisonnement analogue peut être mené pour les autres formes de capital, dont les plus importantes : le capital humain H1P mis en œuvre dans la production et A, le capital de connaissances technologiques investi dans la production. A chaque fois, il faut identifier les agents qui prennent des décisions discontinues et le rythme approprié à chaque type de projets.

En recherchant les fonctions d'investissement dans une conception néoclassique de maximisation du profit, on pense immanquablement au rôle joué par la productivité marginale des facteurs. A une fonction de production donnée correspond un ensemble de valeurs des productivités marginales ; ces dernières, PmK, PmL, PmH_1, PmA, sont censées représenter les rémunérations unitaires des grandeurs en cause. Plus elles sont élevées et plus il est intéressant d'investir de diverses manières ou d'offrir du travail. Elles dépendent **négativement** de la quantité du facteur concerné ce qui constitue la règle de la baisse du rendement marginal, mais à l'inverse **positivement** de la quantité des trois autres facteurs ainsi que du terme d'organisation O.

Ainsi, les comportements d'investissement s'enchaînent les uns aux autres, une avancée plus vive d'un facteur déterminant une hausse des rendements des autres facteurs et leur accumulation plus rapide, suscitant ainsi un chassé-croisé vertueux. Ce « chassé-croisé » est fréquemment conduit en combinaisons complexes où les projets d'investissement sont mixtes, l'accumulation des biens de capital physique s'accompagnant de travail associé, du progrès du capital humain et de celui des connaissances scientifiques. Les processus sont longs et la théorie néoclassique traditionnelle prévoyait déjà, de façon un peu délirante, des décennies d'adaptation pour ce qu'elle appelle les « périodes transitoires ».

L'augmentation de la force de travail est importante : puisque ce sont les divers investissements qui comptent et que les productivités marginales dépendent positivement des quantités des autres facteurs, la progression du facteur travail joue un rôle positif sur les investissements des trois autres facteurs et en particulier sur les investissements en capital physique et humain. « Il n'y a de richesses que d'hommes » disait déjà Jean Bodin (1576). De même, on se rappelle la conjonction entre le baby-boom français et le « miracle économique » maintenu jusqu'en 1975.

Position néoclassique et potentiel

Dans les modèles néoclassiques modernes, les séquences synergiques évoquées constituent les « périodes transitoires » vers une hypothétique et toujours fuyante position future d'état stable. Cet azimut est aussi souvent qualifié de « potentiel » durant toutes les années qui précèdent, l'économie le rejoignant par la force des actions diverses d'investissement.

Le potentiel selon MIE

Premièrement, il faudrait savoir pourquoi dans les modèles néoclassiques, les mouvements vers le potentiel n'ont pas eu lieu d'emblée et deuxièmement que ces progressions se produisent effectivement ; d'où le nom du modèle MIE ! Parler d'un potentiel plus élevé revient à dire plus simplement qu'existent déjà dans le pays des conditions qui devraient permettre des progressions de facteurs conduisant à un niveau de vie supérieur. On redéfinit donc le potentiel comme : **« la capacité générale à générer les investissements suffisants dans toutes les catégories des facteurs utiles à la croissance ».** Dans le prochain chapitre on verra qu'il s'agit d'un **héritage** et la marque d'une démarche complètement endogène.

Dans MIE, une économie serait « sur son potentiel » c'est-à-dire en situation d'état stable si les investissements sur chaque facteur étaient juste suffisants pour maintenir le produit par tête à son niveau ou à laisser son éventuelle croissance à la charge du facteur d'organisation O. Mathématiquement, il s'agira d'une totalisation à 0 de tous les termes de l'équation (3) à l'exception du terme relatif à O. L'appellation d'état stable abandonne d'ailleurs tout son intérêt auto-proclamé puisqu'ici, contrairement au progrès technique exogène bien docile du modèle de Solow, O n'a pas de vraie raison de progresser ou de régresser à taux constant.

A dire vrai, la notion d'état stable elle-même n'a pas grand sens et n'en n'a probablement jamais eu. Héritée de Robert Solow, elle perd déjà beaucoup de sa signification dans un modèle où le progrès technique n'est plus considéré comme exogène mais produit. Mais, à supposer qu'on la considère sérieusement, elle ne donne aucune explication au fait que les progressions effectives cumulées des facteurs (hors O) doivent se maintenir au moins au niveau zéro. Elle risque au contraire de donner l'illusion de sécurité d'une « croissance minimale garantie » que connaîtraient les sociétés développées les plus paresseuses. En principe, cette situation arriverait spontanément sous l'effet des comportements des agents investisseurs, influencés par des rendements de plus en plus faibles, c'est dire des productivités marginales en décroissance, le plus souvent progressive ou plus exceptionnellement rapide, par défaillance d'un type donné de facteurs ou enfin par la désorganisation brutale du facteur O.

Lorsque les productivités marginales des divers facteurs sont justes suffisantes pour assurer le simple maintien ou à une progression limitée du produit par tête (celle de O), l'économie est supposée « sur son potentiel » à condition que les investissements requis par cette situation soient réalisés. La notion d'état stable est en réalité le reflet de l'hypothèse arbitraire ou plutôt « miraculeuse », de fixité des taux d'investissement dans les diverses formes de facteurs.

Une économie qui vivrait ainsi en « croissance d'état stable » serait pourtant déjà une économie en stagnation puisqu'en réalité, aucun progrès technique exogène d'aucune sorte ne peut plus justifier une croissance significative du niveau de production par tête.

Une situation encore pire est atteinte quand le « potentiel », c'est-à-dire l'horizon théorique de production, devient moins favorable que la situation actuelle, parce que soit le facteur O soit les diverses productivités marginales des quatre autres facteurs se dégradent. Imaginons une détérioration structurelle, une perte supplémentaire d'efficacité de l'État ou un déclin dans la mondialisation, imaginons peut-être une situation inédite où l'économie se séparerait d'une partie significative de son patrimoine technique pour « sauver la planète » ou d'autres raisons d'environnement. Une baisse de l'investissement dans ses diverses facettes conduirait alors à un chassé-croisé descendant, la dégringolade par vagues successives des rendements et une fixation du PIB par tête d'équilibre d'état stable à un niveau plus bas que celui qui existait au départ.

<u>Encadré 2-2</u> Les productivités marginales, rendements théoriques à un moment donné

(4) $$PmH1P = dY/dH1P = O.(\alpha_{h1P}).L^{\alpha}{}_{L}.\ A^{\alpha}{}_{A}.\ K^{\alpha}{}_{K}\ H1P^{(\alpha_{h1P}-1)}$$

$$PmK = dY/dK = O.\ (\alpha_K).\ L^{\alpha}{}_{L}.\ H1P^{\alpha}{}_{h1P}.\ A^{\alpha A}.\ K^{(\alpha_K-1)}$$

$$PmA = dY/dA = O.\ (\alpha_A)\ L^{\alpha}{}_{L}\ .\ H1P^{\alpha}{}_{h1P}.\ K^{\alpha}{}_{K}\ .\ A^{(\alpha A-1)}$$

$$PmL = dY/dL = O.\ (\alpha_L).\ H1P^{\alpha}{}_{h1P}.\ A^{\alpha}{}_{A}.\ K^{\alpha}{}_{K}.\ L^{(\alpha_L-1)}$$

La stagnation se caractérisant par des valeurs faibles ou négatives de la croissance du produit par unité de travail, les raisonnements précédents aboutissent à la considérer comme conséquence de deux situations parfois concomitantes : celle où le potentiel est faible, compte tenu des rendements théoriques des facteurs, ou plus spécifiquement de certains d'entre eux et celle où les opportunités positives, bien que suffisantes et nombreuses, ne sont pas réalisées ou réalisées trop lentement par les investisseurs.

En conséquence, le modèle jauge les forces de croissance et s'inquiète de leur libération. C'est ce second aspect qui est examiné ci-dessous à travers MIE et c'est celui auquel nous nous devons de donner la plus grande importance. En effet, l'histoire économique récente des pays développés montre que les productivités marginales des facteurs, du capital physique par exemple, ne sont pas particulièrement basses ou épuisées[21], ce qui permet d'espérer un niveau de vie futur possible plus fort que celui de la situation présente [Francesco Caselli et James Feyrer (2006)]. **Relancer la croissance est donc probablement plutôt affaire de libération des forces, c'est à dire d'intensité et de qualité des investissements effectifs année après année**.

Ce modèle développe l'idée d'un chemin **effectif** de croissance qui, au moins *a priori*, n'est pas contraint par une insuffisance globale de rendement. Une ultime interprétation de cette situation peut encore être exprimée : les investissements de règle d'or, ceux qui assureraient l'optimum de consommation à long terme en fonction des caractéristiques de la fonction de production, sont loin d'être dépassés en volume et l'économie de tous les pays est dite en situation dynamiquement efficiente. Un objectif politique acceptable est donc celui qui ferait s'accroître l'effort national au profit de la production future.

Section 2 Dynamique des facteurs

Par contraste et en fonction des équations (3) et (3'), les taux d'investissement constituent la croissance du produit par tête et **cette théorie de la croissance rassemble les cinq chemins de**

[21] Les calculs de Benigno Valdès (1998) pour les Etats-Unis donnent environ 12 % bruts et 8 % nets (avec dépréciation). Caselli et Feyrer (2006) proposent 11,5 % brut et 8 % nets pour le groupe des pays développés aux alentours de l'an 2000. Un calcul de l'auteur donne exactement la même chose pour la France de 2013 [en partant de l'évaluation d'Olivier Blanchard (2005) de 38 % pour les revenus du capital, d'un coefficient de capital de 3,3 et d'un taux de dépréciation du capital de 3,5 %]. Ces calculs sont tous entrepris sur la base d'une fonction de production néoclassique simple à deux facteurs. Ces rendements sont suffisamment élevés pour justifier l'analyse.

progression des cinq facteurs[22] **avec un complément démographique (la croissance de la population ou l'évolution du taux d'activité).** La place et le rôle de l'Etat s'invitent pratiquement dans chacune de ces progressions dont elles constituent souvent des déterminants importants, en positif ou en négatif. La perspective idéale a été définie plus haut comme un plafond des quatre rendements, dont on fait l'hypothèse qu'ils sont suffisants pour produire théoriquement une croissance supérieure dans le concret des économies développées contemporaines en général et de l'économie nationale en particulier. Dès lors, la croissance **effective** dépend de fonctions d'investissement, contraintes par beaucoup d'éléments divers.

Au regard de la technique économétrique, les fonctions d'investissement détaillées sont un moyen de rechercher, en amont du processus de croissance, les variables instrumentales dont on a besoin, en se promettant au passage de trouver ainsi les causes ultimes de la croissance économique et les outils politiques pour la promouvoir ou la laisser aller. Il s'agit donc d'échapper au cercle vicieux qui va d'une croissance expliquée par l'investissement à l'investissement expliqué par la croissance.

L'une des choses qui distinguent entre eux les facteurs et leurs investissements respectifs, c'est leur temporalité. On a pris l'habitude de dire que la croissance économique est un phénomène de long terme et les simplifications abusives déjà notées, les « s » ou « n » constants, tendent à renforcer cette opinion. Il serait plus judicieux de considérer que la croissance est un phénomène qui se lit à long terme et se déroule en

[22] En fait quatre facteurs proprement dits et le facteur d'organisation O pour lequel il est difficile de parler de fonction d'investissement et même de rendement.

continu mais où chaque instant compte et peut être décisif. Cette remarque générale vaut aussi pour les différents facteurs associés mais à des degrés divers. Les temps de réalisation des investissements sont en effet très variables d'un facteur à l'autre. Combien faut-il de temps pour mettre en place une nouvelle usine ? Pendant combien d'années et après combien de politiques bien orientées peut-on modifier l'environnement et l'organisation nationale et internationale de production ? Quel est le délai de production d'une innovation ? La formation des cultures humaines ne prend-t-elle pas des décennies ?

Chaque investissement a donc son propre rythme et *grosso modo* les additions de capital physique sont plus promptes à mettre en œuvre et à engendrer une croissance, même si cela dépend de la nature du projet, des investissements joints portant sur plusieurs facteurs en même temps…

La croissance économique est ainsi changeante et dépend d'une conjoncture dont elle n'a pas lieu d'être détachée. L'analyse qui sépare *a priori* la tendance des fluctuations est une facilité opérationnelle ou pédagogique dangereuse. Si un enfant est malade à un âge donné, sa croissance peut se ralentir et rien ne dit que le retard sera automatiquement rattrapé ensuite. Ce type d'observation se retrouve en macroéconomie dans ce qu'on appelle l'hystérèse. La distinction analytique *a priori* entre mouvements de court terme et de long terme a trop tendance à faire croire que ces derniers sont inéluctables, quelque peu magiques et en quelque sorte « garantis » quoi qu'il se passe sur le moment. Là encore, une certaine pratique de la recherche économique moderne, celle qui vise à dégager des « écarts de production » (*output gap*) à des fins de politique monétaire ou budgétaire, peut s'avérer intellectuellement dangereuse si elle incite à supposer que la croissance de longue période a un quelconque pouvoir d'attraction *a priori* sur les valeurs courantes observées. Au contraire, la croissance économique qu'on n'a pas eue est définitivement perdue. Ceci dit, *a posteriori*, il est toujours loisible d'analyser une série statistique en opérant la décomposition du long et du court terme ; c'est même souhaitable, ne serait-ce que pour constater si les objectifs de croissance moyenne sont atteints.

(1) Le facteur O d'organisation et d'environnement

Avant d'aborder les fonctions d'investissement proprement dites, voyons ce que représentent O et ses variations dans le temps. O regroupe de nombreux caractères et niveaux en rapport avec l'organisation, la gestion et l'environnement des productions. On y trouve les effets d'actions publiques (règlementations diverses, droit du travail, syndicalisme, équipements publics et infrastructures, justice de droit privé ou de droit public, concurrence interne et extérieure, négociations internationales sur les échanges, puissance nationale dans la mondialisation, régime et organisation monétaire ...etc.) qui pèsent ou influent favorablement sur l'efficacité productive. On y trouve aussi tout ce que la gestion des entreprises et l'organisation professionnelle peuvent apporter à cette efficacité. Dans cet ensemble varié, pour ne pas dire ce fourre-tout, nous devons dire quels sont les points communs des éléments et mettre en exergue quelques-uns d'entre eux, parmi les plus sollicités par le modèle. Le point commun principal est qu'il s'agit des institutions et de leur pratique « effective ». Un autre point commun est la difficulté de saisir les perspectives de changement de O par une ou des fonctions d'investissement aptes à les repérer. Certains changements favorables peuvent coûter cher et d'autres ne rien coûter du tout, sinon l'effort d'intelligence des réformes utiles. Certains encore, favorables ou défavorables, se produisent de façon brutale en sous-produit d'évènements révolutionnaires sanglants ou pacifiques (Révolution Française, Révolution Culturelle Chinoise et à l'inverse, les réformes de Deng Xiaoping). Les chocs les plus graves débloquent parfois radicalement les réformes souhaitables de pays dits « irréformables ».

Coûts de transaction

On aurait pu choisir une autre façon d'aborder les mêmes questions, celle qui signale et mesure les « coûts de transaction » par une sorte de fonction duale O^{-1}. A vrai dire, son champ de pertinence dépasse le seul domaine de la production et touche aussi à celui de la consommation et de l'utilité des individus à niveau de PNB donné. Les coûts de transaction sont des coûts monétaires mais aussi de temps passé et de désutilité directe (par exemple « faire la queue » pour un papier ou retirer de l'argent à sa banque, subir un contrôle de police ou de sécurité, garder par précaution une trace écrite, une décharge de responsabilité, faire du tri « sélectif » et à l'inverse, se faciliter la vie, ou pour certains se la compliquer, par l'emploi des ordinateurs et d'internet. Les investissements publics et privés, les lois, les règlements, les coutumes, l'exposition médiatique, peuvent faire augmenter ou diminuer ces « coûts de transaction ». L'analyse de la croissance par O et l'organisation doit intégrer implicitement cette problématique qui, du fait de son extension aux champs de l'utilité subjective et de l'allocation domestique du temps, serait sans doute plus évocatrice des conditions du « bonheur national ». Dans l'histoire récente de nos sociétés développées, la hausse ou la baisse des « coûts de transaction » doit absolument s'étudier à la fois au cœur et en aval des explications de la croissance.

« Investissements » ou « équipements » publics

Ce que l'on appelle les « investissements publics » K_{pub} ne sont que des « équipements » dont le profit et les motivations sont mal ou pas définis. En outre, leur groupe est statistiquement impur, comportant des équipements destinés à une consommation directe de long terme à côté des infrastructures utiles à la production du secteur privé. La consommation directe de services publics n'obéit pas au principe de souveraineté du consommateur et la pratique française récente, comme bien d'autres en dehors d'elle, montre que le détour démocratique n'est généralement pas apte à garantir leur contenu en bien-être. De plus, bien qu'on ait pu lire de nombreux textes sur ce qu'il est convenu d'appeler « les dépenses d'avenir », il n'est pas possible de délimiter une frontière précise entre les catégories d'équipements. Les travaux de David Aschauer (1989) et de Robert Barro (1990) par exemple, soulignent à bon droit leur apport à la croissance mais n'apportent rien de crédible pour sa mesure.

Le Droit

Par O, l'action de l'État et plus généralement du secteur public concerne aussi les lois, les interdits et les règlements ainsi que tous les secteurs de justice et d'arbitrage administratif. Contrairement aux équipements, assez souvent utiles en eux-mêmes, ces actions publiques ont en continu un impact tantôt positif et tantôt négatif sur la production nationale. L'abus de réglementation et les accords internationaux passés sur les produits et les modes de production, certains principes érigés en lois, de précaution par exemple, et la graisse administrative et réglementaire qui en découle, peuvent indéniablement avoir un impact nettement négatif sur la production et la croissance, bien au-delà du problème de financement et de fiscalité évoqué par certains modèles. Les États oppressifs et/ou corrompus ne sont pas des exceptions, s'ils ne deviennent désormais une règle générale...

Il apparaît aussi clairement que dans les pays anglo-saxons, la judiciarisation de la société bloque la production de certains services, un phénomène qui se répand comme un feu de brousse et touche de plus en plus la France ; on peut voir à cet égard le luxe de précautions et même d'inhibitions dont s'entourent déjà les activités de certains médecins, enseignants ou autres...Les évolutions de long terme de ce type sont justifiées dans le Droit par la dégradation de la morale privée et publique et plus généralement par l'évolution des mentalités. Le risque est clairement d'oublier cette société de bonhommie et de confiance qui était naguère l'une des forces de notre tissu économique et qui peut s'interpréter économiquement comme la faiblesse bénéfique des « coûts de transaction » évoqués plus haut. Certes, toutes les décisions nouvelles des pouvoirs publics n'ont pas un effet négatif et il en est même de profitables, les suppressions de monopoles comme celle aboutissant aux « bus Macron » par exemple, mais convenons qu'après quelques décennies d'une dérive obsessionnelle vers la transparence et la précaution, harassée par la pression des médias formels ou informels, l'évolution administrative et réglementaire (Adm) n'est probablement pas très favorable aux initiatives et à la croissance économique. Nous retrouverons ce problème plus loin à propos de diverses fonctions d'investissement !

D'ores et déjà, il nous faut apporter une précision importante : la variable active Adm n'est pas la valeur des « institutions », le concept bien rodé mais exagérément naïf de la plupart des théories de la croissance. Derrière les mots du Droit et de l'apparence et en oubliant l'angélisme institutionnel des statistiques officielles, se cache la réalité du fonctionnement effectif des pouvoirs publics ; elle tient compte des qualités et défauts pratiques liés aux tempéraments nationaux, des habitudes et coutumes bonnes ou mauvaises, en particulier du clientélisme et de la corruption. Aucun pays du monde n'a de classe politique ni de fonction publique administrative ou judiciaire correspondant à l'« idéal » de ses textes et qu'on devrait inscrire sans examen critique dans les multiples classements internationaux. Ce qui importe pour la croissance et pour O ce sont les conditions administratives et judiciaires « effectives ».

L'influence des facteurs monétaires, en particulier du système monétaire où se trouve plongée une économie : changes fixes ou flexibles, zone monétaire… est ressentie sur les diverses équations d'investissement des facteurs de production mais encore sur le facteur d'organisation O, tout spécialement par le biais des engagements et traités déterminant les relations internationales et les effets de l'ouverture et de la puissance.

Ouverture et puissance

Comme au moment des révolutions industrielles, les conditions liées à la mondialisation ont une très grande importance. Elles se manifestent de deux façons qui semblent à première vue contradictoires :

(1) D'abord, l'ouverture internationale Ouv et la concurrence entre firmes des divers pays qui favorisent les débouchés et la recherche de réduction de coûts. Sa théorie est celle du commerce international qui nous enseigne que l'ouverture, la spécialisation internationale et l'extension des marchés sont des forces favorisant la production et ici la croissance. C'est un

facteur qui échappe largement aux décisions nationales, sous réserve de ce qui suit.

(2) Ensuite, comme aux temps « mercantilistes », la position de puissance des nations (H5PU) dans le concert international, « puissance dure » des armes pour produire ou écarter les menaces directes sur les approvisionnements ou les marchés mais aussi « puissance feutrée »[23] [Gérard Chialand (2018)] pour défendre ou imposer ses normes et ses valeurs éthiques sur le long terme. Sur ce dernier point, notre époque est marquée par des conflits de puissance où les Etats-Unis, la Chine et quelques autres pays, jouent les premiers rôles. Au-delà, chaque pays du monde, grand ou petit, mesure sa place et ses ambitions et doit comprendre en quoi ses alliances, allégeances, préparation militaire, interventions et influence linguistique et morale lui permettent d'affronter les réalités économiques associées à la mondialisation du point (1) ci-dessus et d'en tirer profit pour sa croissance.

Dans le monde réel, la puissance est une caractéristique de la mondialisation, un catalyseur des effets bénéfiques de l'ouverture sur l'économie nationale et une défense contre ses effets négatifs. **C'est une des formes du capital humain ou de la culture globale d'un pays,** une forme particulière certes puisqu'elle se met en œuvre dans la guerre économique internationale qui est l'un des deux aspects clés de la mondialisation. Elle est encore particulière puisque d'emblée nationale, alors que les autres cultures sont portées individuellement.

Si ces deux éléments combinés (Ouv × H5PU) interviennent à travers le concept O d'organisation globale, ils interviendront

[23] En anglais, « soft power ».

encore dans les dynamiques des diverses formes de capital : capital physique, capital humain, capital de connaissance, où même dans la quantité de travail par les moyens de la politique migratoire.

Sûreté (H8SU)

La sûreté des personnes et des biens influe généralement sur la combinaison des facteurs. Au-delà du contexte juridique déjà évoqué, les niveaux de sécurité personnels et des propriétés mobilisent les moyens mis en œuvre personnellement ou par les pouvoirs publics. Ils influencent la performance de la fonction de production.

Progrès d'organisation privée AE

C'est l'une des formes schumpetériennes de progrès technique au sein des firmes ou dans l'organisation des professions. Avec une même quantité des divers facteurs, il est possible de produire plus et à moindre coût sous l'effet de mesures prises en interne, en tirant notamment parti des progrès dans la communication. Leur place dans O se justifie par leur caractère pluriel car ils ne s'incorporent dans aucune forme particulière de facteur. Il s'agit pourtant de vrais investissements AE (Administration des entreprises et gestion) et comme tels sont reliés à cette forme de capital humain spécifique que l'on qualifie d'esprit d'entreprise et qu'on notera H2ER un peu plus loin dans le modèle.

Les déterminants de l'organisation O

En achevant ce tour d'horizon, on s'aperçoit que des éléments fort différents le composent et que leur impact n'est pas facilement relié à la production par un paramètre d'élasticité bien défini. Ceci tient soit à la nature arbitraire et publique de ses composants soit à la difficulté de les mesurer soit enfin à leur nature d'investissements mixtes. Mais cela n'empêche nullement de les identifier et de présenter quelques-unes des variables clefs qui contribuent à O et expliquent ses performances dans la fonction de production. On peut donc exprimer le résultat sous la forme symbolique condensée :

$$\textbf{(5)} \quad \mathbf{dLog\ O = F_o\ [K_{pub},\ Adm,\ (Ouv \times H5PU),\ AE,\ H8SU]}$$

Peut-on exploiter cette relation quantitativement ? Clairement non, compte tenu de la grande hétérogénéité des influences et des difficultés à les mesurer. Mais cela ne nous prive pas de nous en servir comme guide à l'action politique, au plan privé comme au plan public. Et cela ne nous empêche pas non plus de rajouter quelques remarques : les influences des variables indiquées ne sont évidemment pas les seules ; ce sont cependant les plus significatives. Les acteurs en cause sont les pouvoirs publics intérieurs et les responsables de la politique extérieure, les autres responsables du monde mais aussi les dirigeants du secteur privé. Les divers accroissements suggérés figurant à droite de l'équation (5) peuvent prendre n'importe quel signe, positif ou négatif. La résultante, c'est-à-dire la progression de O est également incertaine. Ce qui est sûr, c'est qu'à aucun moment on ne peut décréter que le taux de croissance de O est une constante dans le temps. Si l'économie toute entière se trouvait à l'état « stable » (dLog (Y/L) = dLogO) par épuisement stabilisé de la dynamique des autres facteurs, cet « état stable » lui-même serait soumis aux variations de O. Cette conclusion peut paraître déroutante et paradoxale mais elle doit être acceptée de préférence à une fiction injustifiable de mouvement régulier.

(2) L'accumulation de capital humain H1P

Le capital humain ou culture H1P est celui qui est directement engagé dans la production de biens et services. Indissociable du travail mis en œuvre il est **composé de connaissances et de savoir-faire.** Au plan macroéconomique, il s'agit donc d'un immense stock de connaissances et de savoir-faire qui s'accroche au travail mis en œuvre dans la production de biens et services.

H1P n'est que l'une des parties de H, le capital humain total. On devine qu'il existe d'autres formes de connaissances et de savoir-faire qui sont utilisées dans la production, les divers investissements mais aussi dans la vie privée, les relations familiales et amicales, la production interne au ménage, les loisirs … L'encadré 2-3 exprime la décomposition du capital humain en dix catégories citées [de H1 à H10[24]]

Encadré 2-3 **Capital humain ou cultures humaines : une typologie**

La prise en compte de la notion de capital humain dans l'analyse de croissance nécessite un approfondissement de sa structure et auparavant une clarification du concept lui-même. Deux appellations se trouvent dans cet ouvrage, capital humain et culture humaine, cette dernière étant définie comme un ensemble de connaissances et idées associées à l'individu et qu'il intègre et combine à sa personnalité.

[24] Voir l'encadré ci-dessous.

Au total, nous envisagerons dix formes de capital humain ou de culture humaine, dont les plus nombreuses sont d'emblée en rapport direct ou indirect avec la production, le PIB et la croissance.

(1) **H1P** (P pour professionnelle), est la culture ou masse des connaissances et compétences déployées par la main d'œuvre pour réaliser la production de biens et services. Il s'agit d'une culture associée à chacune des diverses personnes qui y sont impliquées. H1P étant appliqué au travail L, sa rémunération est intégrée à celle du travail offert. La culture H1P se construit par l'instruction de base d'origine familiale et scolaire, la « volonté de réussite » (H6V), disposition mentale propice à l'apprentissage, l'enseignement technologique aux divers niveaux ainsi que par des enseignements supérieurs de type « professionnalisant » : Gestion, Droit, Médecine, Sciences Appliquées. Elle tire aussi profit de la formation permanente. Cette culture progresse encore par l' «effet d'apprentissage», le fameux « learning by doing » découvert par Erick Lundberg et Kenneth Arrow. Celui-ci, s'il fut initialement présenté comme une forme de progrès technique, est en réalité l'augmentation de H1P causée par l'habitude de produire, par la familiarité renouvelée avec des équipements successifs et par la diffusion de H1P d'un individu à l'autre dans les équipes de travail, un apprentissage au sens ancien du compagnonnage artisanal. H1P suit une dynamique influencée par tous ces éléments à la fois. Au plan macroéconomique, la culture productive H1P est encore liée à la démographie, lorsque des générations quittant la vie active sont remplacées par d'autres ou encore avec l'intensité et la structure de l'offre de travail effective.

(2) **H2ER** (E pour « entrepreneuriale » et R pour la « responsabilité ») la culture humaine exprimant une capacité à mettre en place de nouveaux éléments de capital par l'investissement. **Cette forme de capital humain, exprime l'aptitude à mesurer, maîtriser et surmonter le risque impliqué par les investissements.** Elle dépend aussi de la « volonté de réussite » H6V. En partie héritage naturel et familial, elle est encouragée par une éducation insistant sur la complexité, la culture générale, le jugement et surtout par le respect de la liberté individuelle et de la créativité. Symétriquement, elle souffre de certaines institutions ou évolutions mentales, religieuses et sociales et en particulier des accents mis sur la conservation, la sécurité et l'égalité. La rémunération de H2ER est englobée soit dans la rémunération du capital (chefs d'entreprise) soit dans celle du travail (cadres décisionnels). Enfin, si ce type de culture peut faire partie de la fonction de production et influencer directement le PIB par une

meilleure combinaison des facteurs, son influence principale s'exerce en amont pour la constitution du capital lui-même. Autrement dit, si elle contribue sans doute un peu à la valeur prise par la productivité marginale du capital, elle a pour utilité prioritaire de se combiner à cette dernière pour déterminer l'investissement productif. C'est donc un catalyseur de l'investissement et un point de départ privilégié de l'effort d'investissement quel que soit le projet.

Il existe un deuxième angle d'attaque de H2ER qui en élargit la portée. On peut partir d'une expression familière : **« assumer librement ses responsabilités face à des décisions à prendre en situation risquée »**. Dans les entreprises, les familles, les collectivités administratives, les nations, l'armée, la justice … il se prend en permanence des quantités de décisions et la plupart d'entre elles en incertitude. Cette culture de responsabilité H2ER est la force principale des dynamiques économiques, politiques sociales ou militaires d'un pays. Tout ce qui réduit le nombre et la qualité des décisions prises réduit donc la puissance et la vitesse de progression d'une société dans son ensemble.

On lui oppose le « principe de précaution » qui n'est que la collectivisation d'une saine réaction individuelle face au risque. La précaution est légitimement mise en œuvre face à la plupart des risques et H2ER gouverne la qualité de cette prise en charge par les décideurs. L'entrepreneur, au sens large, n'est pas un « risque-tout » et le meilleur soldat n'est pas une « tête brulée ». Le problème que pose le « principe collectif de précaution » est qu'il socialise la prise de risque et conduit de ce fait à une contagion d'abstentions par une pénalisation excessive de toute action risquée. Une mesure inversée mais partielle de H2ER peut se donner au plan global grâce aux travaux portant sur l'aversion nationale vis-à-vis du risque tels que ceux de Nestor Gandelman et Rubén Hernàndez-Murillo (2015).

(3) La troisième forme de culture ou capital humain **H3SC** (SC pour « scientifique ») est l'aptitude à découvrir et appliquer de nouvelles idées et par suite à augmenter le stock des procédés mis en œuvre. Elle se cultive beaucoup, mais pas seulement, à l'aide d'enseignements de haut niveau et grâce aux mesures destinées à accroître le nombre de chercheurs, par exemple en évitant leur isolement, leur déclassement social et les diversions. Comme H2ER, cette forme de capital humain se nourrit encore d'une éducation ouverte sur le risque, la culture générale et la réflexion personnelle, pour se rendre capable d'approfondir ou de transgresser les conformismes scientifiques et

sociétaux. Le niveau technique A étant l'ensemble d'idées avec lequel on peut préparer la production soit dans sa nature même, soit dans les moyens mis en œuvre, la culture humaine scientifique H3SC est ce qui sert de socle principal à cet ensemble de procédés et technologies en évolution permanente.

(4) La quatrième forme de culture, c'est H4C la culture de croyance. Tous les individus et groupes religieux portent en eux leurs croyances et positionnent leurs actes personnels et professionnels dans leur propre contexte religieux. Les adeptes du syncrétisme, de l'athéisme ou du néo-paganisme moderne ne font pas différemment, quelquefois même inconsciemment. Dans cet ensemble H4C se placent encore les convictions sociétales et opinions politiques, qu'elles soient solidement charpentées et réfléchies ou simplement héritées ou instinctives. Les croyances ou non-croyances influencent toutes les démarches vitales et les actions des hommes. Elles ne sont d'ailleurs pas figées et évoluent parfois assez rapidement.

Les croyances marquent les institutions mais ce ne sont pas des institutions. Elles entrent aussi directement ou indirectement dans les fonctions d'investissement utiles à la croissance. Depuis Max Weber, on en avait une forte intuition, mais leur lien avec l'évolution du PIB peut être explicité, décomposé et sans doute élargi. Cette culture de croyance ou capital humain H4C influence donc les institutions O sur le long terme mais aussi, associé à H2ER et H3SC, la production des projets risqués de l'investissement en capital physique et l'ouverture aux nouveautés techniques A. Dans la littérature économique de croissance, de nombreux travaux ont examiné la relation entre les performances économiques et la religion [par exemple, Robert Barro (2003)] ou Luigi Guizo, Pietro Sapienza et Louis Zingales (2003)]. Certains auteurs [David Audretsch, Werner Bonte et Jagannadha Pawantamvada (2013)] ont exploré les liens plus directs avec l'entrepreneuriat H2ER tandis que d'autres [David Landes (2006) par exemple] montrent le rôle historique rempli par la culture de croyance pour conduire les trains d'innovations techniques. Enfin, la culture humaine de type H4C et les mentalités entretiennent évidemment un rapport étroit d'influence avec la démographie et la culture de travail professionnel H1P.

5) Une cinquième forme de capital humain H5PU est la puissance, l'addition de tous les éléments matériels, technologiques et humains dont le pays est ou s'est doté pour affronter la mondialisation et en faire un des moyens de sa croissance économique. Elle se décompose

globalement entre pouvoir dur (hard power) et pouvoir feutré (soft power). Elle s'alimente du patriotisme, expression d'une synthèse nationale de « volontés de réussite ». Mais H5PU n'est pas seulement la puissance au sens étroit ; beaucoup de traits liés à la mondialisation spécifique d'un pays doivent être pris en compte : être proche d'un grand voisin, parler un même langage, subir un handicap de situation, l'enclavement par exemple, sont des traits qui marquent les évolutions économiques tant à court terme que pour la croissance. **Parmi les diverses formes de capital humain étudiées, H5PU fait néanmoins exception en ce qu'elle n'est pas attachée à chaque individu mais s'applique à la nation dans son ensemble.** Elle est déterminée par la géographie, l'histoire et par les stratégies politiques, culturelles et militaires à long terme.

6) La volonté de réussite H6V (V pour volonté) représente la sixième variante de culture humaine, proche de H2E mais plus générale dans sa destination. Elle se révèle chaque fois qu'il s'agit, pour un individu ou un groupe, de progresser dans l'échelle sociale. C'est l'une des principales clefs du succès quel que soit le but poursuivi. Sa présence est clairement révélée par toutes les études montrant comment des populations émigrées réussissent à s'intégrer avec succès dans un pays d'accueil.

7) Une autre catégorie est le « capital-santé » H7SA (SA pour santé), important pour la production à travers l'offre de travail mais aussi pour le bonheur individuel et par conséquent pour garantir un authentique développement. Signalons déjà les travaux de David Weil (2014) comme une base incontournable de l'étude du rapport entre santé et croissance économique.

8) La huitième forme de capital humain, de préférence ici à culture humaine, est le capital de sûreté des personnes et des biens H8SU (SU pour sûreté). On pense tout de suite aux dispositifs et moyens mis en place par l'Etat pour garantir la sécurité des individus, prévenir et garantir leurs propriétés. Mais ce n'est pas tout car en fait une société est surtout plus ou moins sûre en fonction d'autres éléments : morale, religion, familiarité, homogénéité ethnique, prise en charge marchande de la sécurité. Le coût est faible ou élevé selon les cas. Il y a des pays où l'on peut quitter son domicile sans le fermer et sans craindre ni qui ni quoi que ce soit. Il y a aussi des pays comme la Chine par exemple, où des quartiers de gens riches s'entourent de clôtures et de vigiles privés. Il y a des pays où la police est corrompue et où par conséquent la sûreté se paye deux fois, par les impôts et par les bakchichs. Il y a

enfin des pays où la vie des personnes est constamment en danger. Cette forme de capital humain est tout à fait personnelle ; au Far-West autrefois et dans certains pays encore, la sûreté est acquise par l'armement individuel et même dans tous les autres cas, le bilan de sûreté personnelle est susceptible d'être dressé en fonction de l'environnement. Comme pour les autres formes, ce capital H8SUR peut être agrégé, en théorie tout au moins.

9) Dans cette course aux cultures, déployant les efforts d'investissement dans des démarches parallèles mais souvent concurrentes, on doit compter surtout avec H9p (p pour privé) le capital humain privé non marchand, **qui sert de catalyseur au PIB pour le transformer en bien être.** Pour le faire reconnaître, ayons à l'esprit qu'il s'agit entre autres de cette forme de culture humaine, extrêmement variée, que l'on conserve quand on part à la retraite après la vie professionnelle. C'est le sel de la vie personnelle : vie familiale, sentiments, solidarité, dons artistiques sport, jeux, aventure, découverte, … pour lequel des efforts éducatifs et personnels sont mobilisés tout au long de la vie.

10) Enfin, il reste une ultime dixième place pour **un sentiment** H10Pa que l'on peut baptiser de « participation-fierté » ou d'utilité pour autrui. Eprouvée dans l'entreprise et le travail sous forme d'adhésion et d'engagement ressentis, cette culture est encore fortement attachée à la vie personnelle y compris dans ces périodes où le travail professionnel n'est pas ou plus présent. L'« esprit-maison » d'adhésion au destin d'une entreprise, l'esprit de « corps » ou encore le sentiment des personnes sans profession ou retraitées de se sentir utiles : associations, famille, engagement politique…sont des formes de ce sentiment de participation-fierté. Pour ce qui concerne la croissance économique proprement dite, H10Pa affecte la productivité générale parce qu'elle contribue à la valeur de H1P, la culture professionnelle. Pour le développement économique c'est un argument puissant du bonheur et de l'utilité collective.

Chacun des trois premiers types de culture est plus spécifiquement combiné avec l'un des trois facteurs de base des fonctions de croissance, H1P en augmentant l'efficacité du travail, H2E en favorisant l'accumulation le capital physique et encore H3SC, pour développer le stock de processus technologiques A. La culture de croyance H4C touche indirectement et très en amont, à toutes les catégories de décisions et d'investissements relatifs à la croissance économique. Enfin, la puissance H5PU se mêle de tout ce qui, dans l'ouverture internationale, a un rapport avec la dynamique des facteurs et leur déploiement ; elle est donc l'un des déterminants du facteur institutionnel et d'organisation. H6V est lié à la structure démographique. Quant aux quatre dernières formes : la santé, la culture privée, la sûreté personnelle et le sentiment de participation elles sont importantes pour la croissance du PIB mais surtout pour le développement et le bonheur.

Ces catégories de culture progressent au cours du processus de croissance qui exerce un effet en retour sur chacune mais sont en partie concurrentes. L'influence familiale, elle-même façonnée par l'ambiance, les institutions mais aussi la durée, la composition des programmes éducatifs et leur diversification, favorisent plus ou moins l'une ou l'autre. Dans la mesure où l'éducation qui compte économiquement « transmet les connaissances » ou bien « aiguise l'intelligence », la part de cette dernière mission dans la préparation des cultures humaines est clairement favorable à H2ER et H3SC. En formant les esprits à l'exploration du réel et au maniement des concepts, l'éducation prépare alors bien mieux les individus à maîtriser les risques et à concevoir la nouveauté.

L'accumulation des cultures humaines, de H1 à H10 est une affaire de longue haleine et représente des investissements effectifs qu'un pays entreprend sur plusieurs générations. Les éléments culturels cités reçoivent constamment les contrecoups de la croissance en cours. Cette dernière peut s'amplifier ou au contraire s'autodétruire en atrophiant ses racines. La volonté de réussite, la rigueur morale et le sens du vrai apportés par le sentiment religieux, le goût du risque survivent difficilement au matérialisme de consommation accompagnant souvent la croissance[25]. Il en est souvent de même pour la sûreté des personnes et des biens H8SU. De façon semblable, le capital privé H9p progresse et change de structure avec le temps de loisir dégagé par la croissance mais inversement subit l'érosion du matérialisme et des prises en charge marchandes ou étatiques des besoins de solidarité et de convivialité.

---

[25] On peut imaginer une courbe en cloche, les sociétés très pauvres (survie coûte que coûte) et très riches (frénésie consumériste) étant sans doute plus matérialistes que les autres.

Dans le passé, les théoriciens de la croissance qui parlaient de la « qualité du travail » sont passés au « capital humain » ; la plupart des problèmes que cela posait ne sont pas pour autant résolus. Le capital humain ou culture H1P est une fiction hétérogène à l'instar des autres agrégats et son mode d'évolution est particulièrement complexe car il s'agit d'un ensemble associé à la population active. De ce fait, les éléments démographiques et économiques, l'offre de travail, qui commandent cette population active y sont étroitement imbriqués aux problèmes éducatifs ou liés à la structure qualitative des processus de production. Cette dernière est en perpétuelle évolution, sous l'effet des orientations techniques et des spécialisations imposées par la concurrence internationale. Dans tous les pays du monde, la contribution de l'école à la formation du capital humain H1P est donc un phénomène quasi impossible à maîtriser théoriquement et surtout empiriquement. L'analyse traditionnelle de la croissance n'approche la question que de loin et de façon approximative :

- Le **nombre d'années d'études** est un mauvais indicateur du niveau de capital humain. Personne ne peut dire avec certitude que 15 années d'études dans un contexte A apportent plus de culture que 14 années dans un autre contexte B et ceci est très visible dans les pays développés tels que la France. La loi des rendements décroissants joue probablement de façon drastique et la simple observation du réel rend encore plus sceptique : quand on scrute attentivement les programmes, les méthodes et les rythmes de travail universitaires dans certaines disciplines telles que les sciences économiques et de gestion (entre autres) on a le sentiment que la quantité de culture efficace accumulée en quatre ans ne dépasse pas de beaucoup celle qu'on obtenait en deux ans un demi-siècle avant[26]. Sa structure a aussi évolué, H1P se trouvant privilégiée relativement à H2ER et H3SC. Ces dernières décennies, l'allongement de la durée des études apparaît plutôt comme l'expression d'un rattrapage de qualité, une réponse retardée à l'indifférenciation des cursus (exemples du « collège unique » et de la non sélection à l'entrée de l'université) et comme l'un des aspects du traitement social du chômage des jeunes.

- Les **pourcentages d'enfants ou de jeunes scolarisés** aux divers stades de la formation offrent sans doute une meilleure image de l'effort fait pour le capital humain H1P mais ceci vaut surtout pour les premiers stades du développement, la scolarisation de base, et ne vaut plus obligatoirement dès qu'on en sort. Les slogans démagogiques, incitant par exemple à atteindre un pourcentage de bacheliers pour une génération, ne cachent pas les vraies difficultés d'accumulation du capital humain. De même, surtout en France, l'aspect « sélection » est souvent tabou or c'est l'un des moyens d'allocation du capital humain, c'est à dire de l'équité et de son efficacité dans la fonction de production.

Restent enfin les **problèmes de la qualité et de l'orientation** des enseignements qui doivent aussi répondre à d'autres exigences (formation d'une culture personnelle non marchande H9p et des formes H2ER et H3SC) et aussi le fait que des connaissances et aptitudes professionnelles sont également transmises par l'entourage familial. On demande de plus en plus au système scolaire d'assumer une éducation que n'assurent plus, ou plus autant, les familles. Cette substitution affaiblit le gain net de capital humain sous toutes ses formes et donc celle de H1P.

---

[26] Le niveau de recrutement des étudiants a aussi changé et ceci explique sans doute cela !

On voit bien la difficulté de mesurer le capital humain. Dans beaucoup de travaux empiriques d'économie, l'évaluation du capital humain se fait par la différence de rendement, en fonction des écarts de salaire entre le travail qualifié et le travail non qualifié. On fait donc le détour par la rémunération, censée se conformer à l'égalisation des rendements marginaux. Aux Etats-Unis, en s'appuyant sur des modèles néoclassiques à trois facteurs et progrès technique exogène, la contribution du capital humain est considérée comme à peu près équivalente à celle du travail et à celle du capital physique avec une élasticité de production et donc une part des revenus égale approximativement au tiers. Il n'y a pas de raison de refuser cette estimation nationale spécifique même si, dans le modèle que l'on développe ici, la vraie question est celle de l'investissement de H1P : Que vaut vraiment l'accroissement dLogH1P dans l'équation (3)' [27] ?

Investissement en culture productive H1P

À première vue, la fonction d'investissement en culture H1P pourrait ressembler à celle du capital physique. Les individus et leur famille accumulent du capital humain et font des sacrifices de consommation si le jeu en vaut la chandelle, c'est-à-dire si le profit net attendu des années de formation et de toute autre dépense en rapport est suffisamment élevé. On doit donc déjà sélectionner la productivité marginale PmH1P comme l'une des variables clef de cette attente et en amont, dans l'équation 4 qui lui est dédiée, les variables diverses qui la déterminent. On y retrouve encore l'effet positif des quantités des autres facteurs disponibles et l'effet négatif de la quantité déjà acquise de capital humain. Il est normal en effet que les sociétés déjà

[27] Qui décrit le taux de croissance du produit par tête

largement dotées en connaissances et talents productifs leur reconnaissent un rendement marginal plus faible.

Au-delà, l'analogie continue parce que, tout comme le profit attendu du capital physique supplémentaire, celui du capital humain est entaché d'incertitude. Dès lors, l'utilisation d'une fonction de densité probabilité $\mathbf{f}^{e}_{HIP}$ permet de faire le lien entre la rémunération théorique moyenne et les attentes des acteurs concernés. C'est d'autant plus vrai pour le capital humain que le temps de gestation de l'investissement est plus long. Dans le passé, certaines générations ont espéré un rendement élevé de leurs investissements éducatifs et ont dû se contenter finalement d'une carrière plutôt décevante. Certaines professions, les professeurs par exemple, ont vu leur statut social et financier se dégrader considérablement en quelques décennies. Les personnes concernées se retrouvent fréquemment piégées et pénalisées par leurs choix initiaux. Cette sorte d'investissement s'assimile à un long détour de production, analogue à celui que Friedrich Hayek a mis en lumière pour les investissements matériels ; les cycles de formation doivent être complétés ; l'effet d'apprentissage[28] ne joue que si les emplois durent (QPC) et d'autant plus que l'organisation au sein de l'entreprise (AE) le favorise. Les règles d'organisation sociale jouent aussi un rôle, par exemple l'âge de la retraite ainsi que les perspectives de prélèvements et la progressivité de l'impôt qui touche particulièrement le capital humain. La recherche d'une égalisation des revenus par l'impôt (Tax) réduit l'intérêt de l'accumulation du capital humain. Les « classes moyennes et supérieures » françaises, victimes des politiques socialisantes qui annulent les bénéfices de leurs investissements passés en capital humain, se sentent flouées. Instruits de cette expérience, certains jeunes talentueux, sans renoncer à étudier, préfèreront

[28] En anglais : « *learning by doing* ».

alors valoriser leur formation hors du territoire national. L'ouverture (Ouv) affecte donc les investissements en culture humaine sous toutes les formes et bien évidemment cela comprend les phénomènes d'émigration nette dans le cas des pays pauvres et d'immigration nette dans le cas des pays riches.

Il faut par conséquent creuser les aspects personnels de l'investissement en capital humain et dans certains pays, notamment là où l'enseignement est payant. Le calcul économique individuel y prend une place importante. On retient donc les variables : f^{e}_{H1P}(Pmh1P, Tax), Adm, ΔAE, QPC, Ouv. Ces aspects « personnels » sont fondamentaux pour les niveaux les plus élevés ou plus spécialisés de l'éducation reçue et la formation permanente à l'intérieur ou hors de l'entreprise. Ils commandent les « écarts » creusés entre la formation de base souvent obligatoire et les niveaux élevés ou spécialisés que détermine l'engagement personnel ou familial et sont donc prioritaires pour expliquer la progression de H1P. Il est aussi nécessaire de faire entrer en ligne de compte le capital-santé H7SA et la volonté de réussite H6V. Par exemple, les travaux de Thomas Sowell (1981 et 1983) confirment que les différents groupes de migrants se sont d'autant mieux intégrés et atteint les niveaux les plus élevés de revenus qu'ils se donnaient une plus forte priorité personnelle et familiale à l'accumulation du capital humain productif. Les aspects culturels, notamment la place du travail et de la volonté de réussite sont ainsi présents en permanence dans ses études sur l'intégration réussie, certes distincte de la croissance nationale, mais y contribuant tout en obéissant à des ressorts semblables.

Une part de H1P se nourrit du sentiment de participation-fierté H10Pa que les entreprises privées, publiques ou administrations variées ont intérêt à susciter et à développer car elles en tirent profit.

Presque partout, la progression de H1P est aussi affaire d'investissement public et d'offre subventionnée où le caractère public de la formation initiale domine. On peut relier cela à ce qui précède en disant que les dépenses publiques et équipements réduisent les coûts et par conséquent augmentent les profits nets tirés du capital humain accumulé. De plus, dans bien des pays, l'instruction est obligatoire jusqu'à un certain âge ce qui règle la question du calcul personnel pour les niveaux les plus bas de la formation. On retrouve donc les variables ADM et K_{pub}, en chargeant cette dernière expression de représenter aussi la variation des dépenses publiques courantes d'éducation.

On est amené alors à considérer que dans les pays peu développés, les calculs personnels sont moins déterminants pour assurer la progression du capital humain global[29]. Le rôle principal y échoit surtout aux dépenses publiques d'éducation. Dans un pays comme la France au contraire, une progression du capital humain sur la longue période requiert une combinaison des intérêts publics et personnels et redonne à ces derniers une plus grande importance. C'est en se conciliant ces intérêts personnels que les gouvernements des pays peuvent espérer voir croître un niveau déjà élevé de connaissances et d'aptitudes. Ils gardent souvent le contrôle partiel de l'offre par leurs établissements, leurs programmes et les règles de décernement des diplômes. Dans certains pays du monde, où le financement des études est plus largement privé (Etats-Unis, Chili…), l'accroissement global du capital humain correspond plus nettement encore aux canons d'un investissement classique.

[29] Hormis en ce qui concerne la volonté de réussite H6V souvent forte chez les plus pauvres mais dépendant aussi des facteurs culturels et religieux.

Des enquêtes internationales, type PISA, PIRLS … essayent de déterminer la qualité des performances éducatives mesurées auprès des élèves et étudiants. Elles montrent ce que les nouvelles générations apprennent et retiennent en ce moment. À elle seule, ces informations à la marge temporelle ne suffisent pourtant pas à caractériser la valeur et l'évolution contemporaines du capital humain, même si le remplacement éventuel de générations bien formées par des générations moins bien formées est lourd de conséquences. Ces enquêtes alertent sur la qualité et la quantité de l'investissement en capital humain ou culture des différents types et suscitent quelquefois des réflexions légitimes et des redressements nécessaires comme dans le cas français. À ce titre elles fournissent des images relatives mais précieuses de l'intensité et des tendances à moyen terme des investissements (pour H1P et H3SC principalement).
En conclusion, la valeur de dLogH1P suit une fonction qui évolue et se déforme au fur et à mesure qu'on se rapproche de la frontière des connaissances et diffère d'un pays à l'autre selon le schéma général.

$$(7) \quad \mathbf{dLog\ H1P = F_{H1P}\ [f^{e}_{H1P}\ [O.\ (\alpha_{h1}).\ L^{\alpha_L}.\ A^{\alpha_A}.\ K^{\alpha_K}.\ H_{1P}^{(\alpha_{h1p}-1)},\ Tax\ ], K_{pub}\ ,\ Adm\ ,\ AE,\ QPC, H6V,\ H7SA,\ H10Pa,\ Ouv,\ dLogK,\ dLogA,\ \delta_{h1}]}$$

Dans cette formule, les éléments dLogK et dLogA, les croissances du capital physique et du niveau technologique, prennent en charge des « effets d'apprentissage ». Ceux-ci contribuent bien à la progression du capital humain professionnel en renouvelant en permanence son efficacité. Le terme de dépréciation δ_{h1} correspond à la rotation démographique ainsi qu'à une multitude de pertes de compétences, souvent causées par les mouvements dans l'emploi et le chômage.

(3) Fonction d'investissement productif en capital physique

L'investissement en capital physique est très souvent considéré comme l'indice privilégié de croissance et son insuffisance caractérise la stagnation observée dans nombre de nations développées. L'un des signes qu'un pays est sur la bonne voie de la croissance c'est l'augmentation du rapport capital/produit ; cette augmentation concerne toutes les catégories de capital y compris humain, mais le "marqueur" principal et le plus opérationnel est celui du capital physique productif parce qu'il est plus vite sensible aux changements positifs ou négatifs de l'environnement économique.

Cet investissement dépend surtout des perspectives de profit net et de la capacité des entrepreneurs à faire face au risque. Celui-ci est en effet inséparable de tout projet et l'obstacle principal sur la route vers la récompense que l'investisseur attend. Le risque a une nature hybride, d'une part sur les performances techniques du projet ou sa mise en œuvre économique, coûts et plus généralement conditions d'offre, et d'autre part sur les débouchés conditionnés par la demande.

A remarquer qu'en la matière, tout est affaire de prévision et ce n'est pas le profit net, constaté après coup, qui est déterminant pour l'investissement contemporain mais sa prévision par les agents. L'appréciation actuelle des occurrences futures du profit, résumées par une fonction de densité de probabilité, est la base des décisions d'investissement. Elle englobe tous les éléments d'offre et de demande à envisager *a priori*.

L'incertitude ressentie par les agents vient de deux types de causes : celles qui sont en rapport avec les éléments particuliers du projet et celles qui sont reliées à la situation générale de l'économie, la conjoncture future principalement. Le graphique 2-1 illustre le cas d'école où les anticipations de profit deviennent plus pessimistes, la densité de probabilité subjective $f_t(PF_t)$ se décalant vers la gauche de f_0 à f_1. Elles sont moins élevées en moyenne et surtout, la probabilité de pertes (gauche du point 0 pour PF_{t+1}) est nettement plus forte, deux facteurs qui réduisent l'investissement projeté.

<u>Graphique 2-1</u> Anticipations de profit : densités de probabilité

Densité de probabilité

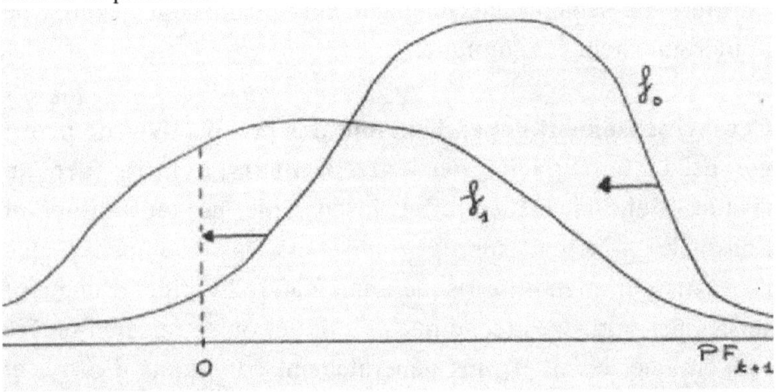

Profits prévus

Légende : Anticipations de profit plus pessimistes : déplacement de f_0 vers f_1

La PmK nationale moyenne n'est pas connue des acteurs ; on peut même prétendre qu'elle ne les intéresse pas. Elle n'est cependant pas sans importance pour l'investissement global. Les investissements dépendent de la productivité marginale du capital indirectement à travers les anticipations, parce qu'une anticipation faiblement rationnelle des profits associés à un projet donné conduit l'investisseur particulier à ne pas mener un projet ou au contraire à le mener et selon des dispositions pratiques, en intensité des divers facteurs, modulées à partir de cette anticipation. Dès lors, au plan macroéconomique, on peut admettre sans peine qu'une augmentation de la PmK conduira à des séries d'évaluations plus optimistes des profits nets d'un groupe de projets auxquels réfléchissent de multiples décideurs et en conséquence à un taux d'investissement national en moyenne plus élevé.

Ce qui vaut pour la PmK vaut aussi pour ses diverses composantes car : $\mathbf{PmK = dY/dK = O. (\alpha_K). L^{\alpha}{}_{L}. H1P^{\alpha h}{}_{1}.A^{\alpha}A. K^{(\alpha}K^{-1)}}$. A titre d'exemple, les équipements publics s'agrégeant à **O** participent à l'évaluation des profits nets futurs des porteurs de projets et leur temporalité étant ainsi décalée, ils exercent leur influence avant même d'avoir été réalisés. Appliquons ce raisonnement en creux : quand l'Etat, au dernier moment et sous la menace, renonce à un projet d'infrastructures structurantes, par exemple, l'aéroport Notre Dame des Landes en Bretagne, il met en péril ou nullifie de nombreux projets privés ou étrangers potentiels, envisagés ou déjà en gestation.

Hors PmK (et ses déterminants) on note trois influences majeures :

(1) Le profit net est lié négativement à l'intensité des prélèvements sur les bénéfices, les revenus et la fortune. Soit « Tax » cet aspect de la relation entre les pouvoirs publics et les

auteurs de projets privés. Cette variable est particulièrement importante dans le cas des pays développés. On sait à quel point certains pays ont profité de leur faible taux d'imposition sur les bénéfices (L'Irlande et la Bulgarie en Europe par exemple) et à quel point aussi des pays comme la France se tirent constamment « une balle dans le pied » avec des taux de 33 % et plus. Si cette influence est surtout mise en avant à propos de l'attraction des investissements étrangers, elle s'observe tout autant pour des séries d'investissements domestiques.

(2) L'incertitude sur le profit net et l'inhibition qui en résulte se maîtrisent par l'intervention du facteur entrepreneurial et la présence de capital humain de type H2ER qui joue le rôle de **catalyseur d'investissement**. Sa nécessité est encore accrue par le fait que l'incertitude sur le profit correspond à celle de projets effectifs mettant en jeu plusieurs types d'accumulation et donc plusieurs productivités marginales associées à leurs risques, celles du capital humain, du travail et des innovations techniques. Tous les aspects d'un projet d'investissement sont donc à considérer. Ainsi, lorsqu'il implique des embauches, la constitution de capital humain professionnel et des progrès techniques, ce projet encourt les profits et les risques relatifs à toutes ces catégories. C'est en considération de cette diversité et des risques multiformes qu'elle implique que le facteur entrepreneurial H2ER est le bon catalyseur de l'investissement. Pour cette raison, il figurera plus loin dans les équations de croissance de tous les facteurs.

(3) Enfin, l'investissement dans le capital reproductible étant concurrencé par les spéculations sur les actifs existants, les comparaisons de risques rendent les situations encore plus difficiles à saisir. Le capital productif renouvelable n'est qu'une partie du stock des actifs possédés dans l'économie nationale ; sur un ensemble de pays, environ les deux tiers en moyenne

[Francesco Caselli et James Feyrer (2006)]. En effet, les constructions anciennes, les terrains ainsi que d'autres actifs anciens font aussi partie du patrimoine. Les agents ont donc souvent la tentation de se porter acquéreurs de ces éléments et d'en faire monter le prix sans pour autant accroître le capital productif. Cette tendance peut être plus marquée pour certains pays où les perspectives d'investissement profitable sont d'emblée plus faibles (pays en stagnation) ; de même **une politique monétaire de taux trop bas est souvent un encouragement au détournement vers les bulles d'actifs concurrençant l'investissement productif.** En certaines circonstances, elles peuvent même l'étouffer, parfois avec l'encouragement des autorités. La crise américaine des "subprime" est un exemple de long détournement de ce genre, opéré d'ailleurs avec l'aval explicite des autorités politiques et monétaires. On retrouve ici, de façon spéciale, le mécanisme hayekien des investissements inappropriés dont l'accumulation hypothèque les chances de succès des opérations saines, à la fois en les privant de moyens dans la phase montante du cycle et en les entraînant ultérieurement dans leur chute.

Notons que ces considérations contredisent les conclusions tirées de la fameuse théorie du « q » de Tobin. Selon ce dernier, l'augmentation de valeur du capital ancien, actions et valeurs immobilières, suscite un effet de substitution, rendant profitables des investissements à l'aide de facteurs de production du capital nouveau, relativement moins onéreux. Mais en expansion, ce mécanisme est souvent dominé par les anticipations spéculatives qui contribuent à maintenir la pression sur les acquisitions d'actifs existants, dans l'espoir d'une hausse indéfinie de leur valeur[30]. En récession,

[30] Cet impuissance de l'effet « q » de Tobin en expansion est aussi lié au problème du temporel de décision car les projets d'investissement productifs prennent du temps (plutôt mesuré en années) et ne peuvent s'étudier à la

l'attentisme causé par la baisse des prix des actifs anciens et les opportunités d'achat qu'elle offre jouent au contraire pleinement en défaveur de l'investissement nouveau. Tous ces éléments renforcent la nécessité d'une formation avisée de culture humaine entrepreneuriale H2ER de maîtrise du risque, seule capable d'éviter les emballements et illusions et de contrer certaines tendances moutonnières des systèmes financiers, aggravées lorsque la culture entrepreneuriale H2ER s'y trouve insuffisamment représentée en conséquence de mauvaises politiques de recrutement préalables.

Ces réflexions éclairent aussi une des raisons pour lesquelles l'instabilité économique liée aux crises économiques et financières peut être néfaste au processus d'accumulation de nouveau capital. L'incertitude objective résultant de la conjoncture est réduite par la capacité des politiques monétaires, budgétaires ou autres à stabiliser l'économie, éviter les crises et assurer ainsi une régularité des conditions de demande et d'offre globales. Ce facteur positif peut être baptisé « qualité de la politique conjoncturelle » (QPC). Éviter les crises est très important parce qu'une crise peut rendre durablement plus pessimistes les anticipations de profit allant jusqu'à l'obsession des valeurs extrêmes de perte ; elle peut aussi désorganiser ou interrompre les circuits de financement. A valeur de PmK donnée et indépendamment des questions fiscales, l'action de l'État et des banques centrales en faveur de la stabilité a un impact positif sur le rythme d'investissement. L'importance de la qualité de la politique conjoncturelle a tendance à être oubliée par la théorie moderne de la croissance parce que celle-ci néglige trop l'impact durable des fluctuations. Mais il suffit de considérer le bilan final de croissance de

sauvette, tandis que la spéculation sur les actifs anciens est quasi instantanée. Les catégories d'individus prenant les deux types de décision ne sont habituellement pas confondues.

l'entre-deux guerres pour convenir, avec Friedrich Hayek ou avec Milton Friedman, qu'une politique monétaire mieux avisée et moins imprudente aurait pu rehausser ce bilan de façon significative[31]. Ce constat vaut aussi à l'évidence pour les vingt-deux premières années de croissance en Zone Euro. Les crises de 2008, 2011 et désormais 2020 laissent des traces négatives très fortes dans la croissance des pays de la zone durant toute cette longue période.

Afin de compléter ce tableau relatif à la fonction d'investissement, notons qu'à une époque de mondialisation, les investissements se réalisent dans les divers pays du monde en tenant compte des attractivités nationales comparées, ce qui implique le fait qu'une certaine quantité d'entre eux se déterminent à la fois à partir des variables nationales détaillées ci-dessus (PmK et ses composantes, Tax ...etc.) et des grandeurs analogues dans les pays étrangers. Idéalement, dans une « bonne fonction d'investissement », toutes les variables explicatives devraient être démultipliées pour marquer l'effet de la concurrence internationale. C'est d'ailleurs sur la base de ce processus que se mettent en place et se déforment les « avantages comparatifs » chers aux théoriciens du commerce international.

Pour simplement s'en souvenir, rappelons la variable Ouv englobante, chargée de signifier que pour chacun des facteurs

---

[31] A noter que l'influence d'une bonne prévention des fluctuations sur les investissements et la croissance se conjugue avec une causalité inverse telle que la forte croissance du PNB et ce qu'elle implique de rentabilité des investissements en capital productif, restreint les risques d'instabilité et de crise financière. Elle le fait notamment au travers d'une politique monétaire moins laxiste en réduisant les tentations spéculatives du système financier ainsi que les déficits publics. C'est une sorte d'effet « boule de neige » jouant de façon favorable pour les pays émergents et défavorable pour les pays « matures ».

en jeu, la dimension de concurrence internationale est présente au moment des choix des entrepreneurs. La puissance de la nation « H5PU » définie plus haut doit lui être associée prioritairement puisque l'une des destinations de cette puissance est de promouvoir les investissements nationaux, de contrôler les organes de financement des investissements entrants ou sortants et de développer la production de services internationaux de haut niveau sur la longue période. On résume donc ces deux aspects sous la forme (Ouv×P) présente dans l'équation d'investissement finale.

Une ultime variable, la culture scientifique H3SC explique l'ampleur de l'investissement en capital physique ; l'explication la plus claire tient à la nature mixte en capital physique et technologie des projets d'investissement programmés par les entrepreneurs. Quand des progrès techniques apparaissent possibles ils s'incorporent souvent dans de nouvelles machines à concevoir et à mettre au point. Ainsi l'investissement national en capital physique dépend de tous les éléments favorisant l'accumulation des nouveaux procédés **A** et en particulier la culture scientifique H3SC, socle des nouvelles inventions.

Le financement ?

Reste enfin la question du financement et de son coût. Si l'entrepreneur évalue son profit futur, il le fait en tenant compte des taux d'intérêt qu'il doit payer ou qu'il pourrait obtenir pour un placement de ses actifs. Dans un système où il n'existerait pas de moyen autre que l'épargne, on aurait probablement quelques difficultés à financer certains investissements à un taux assez bas. Ce serait donc un goulot d'étranglement possible lorsque les taux de profit anticipés nets sont « limite » pour entreprendre des projets ou lorsque leurs auteurs ne sauraient trop comment persuader les épargnants de partager les risques avec eux. Comme le soutenait Joseph Schumpeter, le crédit bancaire et l'intermédiation éloignent ces limites et le financement négocié est généralement une étape positive qui aide à sélectionner continûment les dépenses d'investissement les plus rentables. Pour toutes ces raisons, les modèles de croissance macroéconomiques les plus connus ne tiennent généralement pas grand compte des taux des prêts et se bornent à vérifier la présence d'un secteur de crédit suffisamment développé jouant normalement son rôle. C'est dans ce domaine particulier une expression pratique de la faible attention portée à l'effectivité des investissements. En conséquence, seuls les pays en début de croissance ou peu développés financièrement sont censés attacher une importance à cette question.

Le problème de financement réapparaît en élargissant l'analyse à l'examen des fluctuations et des crises. L'une des caractéristiques de ces dernières est la succession d'engouements et de pessimismes et souvent ces instabilités ont pour siège le secteur financier. Par conséquent deux types de dangers guettent effectivement les porteurs de projets productifs :

(1) Le premier danger, en amont de la crise, est constitué d'une pratique financière biaisée parfois durablement par les engouements de bulles, immobilières ou mobilières, et d'augmentation de la valeur des actifs. Les investissements qui augmentent le capital productif souffrent de la concurrence des placements de type spéculatif qui détournent et fixent sur des bulles l'épargne prêtable et les crédits bancaires. Le simple fait d'offrir des rendements plus élevés sur des placements non productifs et dont la dangerosité est longuement masquée, est une incitation à ne pas entreprendre de projets productifs aux rendements supposés plus modestes.

(2) Le tarissement des financements pendant et après une crise économique et financière est le second danger. On observe toujours une grande sensibilité des dépenses d'investissement durant les épisodes cycliques. De plus, beaucoup de projets industriels comportent des enchaînements de phases et des tranches successives de réalisation. Friedrich Hayek avait déjà mis en évidence la nécessité et parfois la difficulté de compléter les projets multi-annuels face aux aléas de la conjoncture. Les crises sont donc à l'origine de creux dans les investissements mais aussi d'un déclassement accéléré (δ_K, le taux de dépréciation du capital, plus élevé) pour certains de ceux qui avaient été réalisés avant. **En effet, les dépressions et récessions changent les itinéraires d'expansion des structures productives. L'accroissement du capital est donc doublement réduit et se transforme parfois en baisse.**

Pour ces raisons, les conditions de financement doivent être considérées. Se pose alors la question du comment : on retient essentiellement le rôle de la politique monétaire, donc l'une des façons dont les pouvoirs publics peuvent assurer ou détruire la stabilité conjoncturelle et éviter ou produire les crises. Par ailleurs, des dispositions fiscales et règlementaires jouent un rôle en faveur ou contre les financements d'investissements productifs et envers les possibilités d'utiliser exagérément les crédits à des fins de spéculation. La crise des « subprime » a montré qu'au-delà des imprudences bancaires et financières, la politique fédérale des années précédentes était gravement impliquée par ses aspects fiscaux, budgétaires et sociaux. Par conséquent, la symbolique des variables QPC et Adm peut suffire à rendre compte de la nécessité d'assurer un fonctionnement normal et sûr du système financier et le financement optimal des investissements productifs. La relation finale pourrait donc se présenter sous la forme :

dLogK = Fk [f^e (PmK- Tax), H2ER, H3SC, (Ouv× H5PU), δ_K, QPC, Adm]

ou

(6) dLogK = Fk [f^e(O. (α_K).L^{α_L}. H1$P^{\alpha_{h1P}}$.A^{α_A}. $K^{(\alpha_K-1)}$ - Tax), H2ER, H3SC, (Ouv×H5PU), δ_k, QPC, Adm]

dLogK est le taux de croissance du capital physique. La PmK est le taux de profit possible, avec : PmK = O. (α_K). L^{α_L}. $H_1{}^{\alpha h}{}_1$.$A^{\alpha A}$. $K^{(\alpha_K-1)}$; Tax exprime surtout la fiscalité sur les profits des entreprises. On peut aussi y associer les taxes non-officielles, la corruption par exemple. La fonction f^e indique les anticipations de profit sous la forme d'une fonction de densité de probabilité.

δ_k est le taux de dépréciation du capital. À noter qu'une dépréciation plus forte résulte des efforts d'investissement eux-mêmes, les nouveaux projets et équipement réalisés rendant plus rapidement obsolètes des équipements et unités de capital existants. La constance de ce taux serait donc un simple pis-aller masquant les effets de création destructrice.

H2ER représente le capital humain ou culture spécifique destiné à assumer et maîtriser les risques relatifs aux investissements. On a déjà noté que cette forme de capital humain dépend elle-même d'une quantité de facteurs en évolution. Elle dépend en particulier des mentalités et de la culture de croyance H4C.

H3SC est la culture scientifique.

(Ouv× H5PU) indique les facteurs internationaux combinés de concurrence, d'ouverture et de puissance nationale.

QPC signale la qualité de la politique économique de stabilisation et d'évitement des crises.

Enfin, Adm est la variable qualitative englobant les éléments légaux et réglementaires liés aux investissements en capital physique.

La fonction (6) ci-dessus est simplement qualitative puisque beaucoup de variables explicatives le sont, que les formes mathématiques et le passage des grandeurs constituant la PmK vers les anticipations de profit net sont quasi impossibles à préciser. Ce « défaut », qui est la norme des modèles macroéconomiques de croissance, ne devrait être surmonté qu'avec des hypothèses héroïques et des séquences de « variables approchées ». La présentation ci-dessus est seulement théorique mais elle n'interdit quand même pas les travaux empiriques sur les fonctions d'investissement et de croissance.

Étant donné que le passage vers la croissance via l'équation 3 est purement mécanique, toutes les variables convoquées sont des sources de croissance ou de stagnation possibles. Le raccordement se fait en tenant compte du paramètre α_K dont l'ordre de grandeur pour MIE est probablement compris entre 0,20 et 0,30[32]. Il est bien difficile d'en dire plus à ce stade.

La fonction d'investissement qui vient ainsi d'être rédigée dans l'optique de la croissance n'a aucune raison d'être cantonnée au long terme. Elle peut et elle doit être considérée aussi comme la fonction pertinente pour l'analyse des fluctuations. Elle est réellement le pivot de l'analyse macroéconomique, à

32 Compte tenu d'un facteur A à part entière

l'intersection des champs d'analyse de court et de long terme et la preuve qu'ils ne doivent ni ne peuvent être séparés. C'est particulièrement exact pour l'investissement en capital physique mais ce peut être également vrai pour les efforts de progrès techniques (A dans le modèle). Tout dépend de la temporalité des investissements en cause : par exemple, on peut légitimement douter que les acquis en cultures ou variétés de capital humain soient fortement influencés par des éléments passagers. Les facteurs correspondants peuvent alors être considérés comme des constantes à court terme[33].

(4) Fonction d'accumulation de nouveaux processus techniques

Nous cherchons maintenant à montrer quelques déterminants du taux de croissance de A, le stock d'innovations et de procédés dont dispose l'appareil productif. Le schéma retenu est proche des précédents. Dans le but de montrer de quoi dépend le taux de croissance de A (dLogA), il est fait appel aux motivations néoclassiques des investissements, c'est-à-dire le taux de rendement anticipé. En effet, s'il est possible d'augmenter A d'autres façons, l'essentiel de la progression est redevable aux efforts entrepris en recherche et développement. Comme indiqué à propos du capital physique K et pour le capital humain H1P, les efforts visés correspondent à des projets menés dans un climat d'incertitude par des agents, essentiellement les entreprises, motivés par le profit attendu. On se souvient aussi que les investissements concrets examinés possèdent souvent, pour ne pas dire toujours, un caractère mixte, les additions prévues de K, H1P et A étant étroitement mêlées dans les projets. C'est particulièrement vrai en ce qui concerne les

[33] A noter toutefois les pertes de capital humain de diverses sortes occasionnées par des épisodes de crise (long chômage, confinement…)

innovations techniques, souvent associées à la mise en place d'un investissement matériel. Avant d'engager la discussion au cœur du modèle MIE on peut rappeler que la voie a déjà été largement déblayée par les modèles dits « néo-schumpétériens de destruction créatrice » que nous présentons dans l'encadré ci- dessous.

Encadré 2-4 **Les Modèles Néo-Schumpétériens**

Ce résumé s'inspire des apports d'Aghion et Howitt (1992) et ceux de Grossman et Helpman (1991). Leur caractéristique distinctive est que l'allocation des ressources en direction de l'innovation est déterminée à l'intérieur du modèle par une recherche de maximisation du profit. La motivation des inventeurs est d'acquérir une position de monopole temporaire grâce à l'innovation, tout en détruisant ainsi les positions des anciens concurrents. Ainsi, tout ce qui permet d'accroître l'appropriabilité des rendements de l'innovation accroît l'effort de recherche et la croissance.

Suivant la présentation trouvée dans l'ouvrage de Wendy Carlin et David Soskice (2006) on part d'une équation simple : $\mathbf{a = \lambda.\sigma.q}$
où : **a** est le taux de croissance des innovations, $\boldsymbol{\lambda}$ est la probabilité que chaque unité dépensée en recherche et développement (R-D) conduise à une innovation (fertilité), $\boldsymbol{\sigma}$ exprime l'intensité des gains de productivité générés par l'innovation (efficacité), **q** est l'intensité de l'effort d'innovation.

C'est cette dernière grandeur qui attire le plus l'attention. En effet, q dépend de toute une série de facteurs : (λ, σ, r, k, concurrence, protection des droits de propriété des innovations ...etc.) ; r représente le taux d'intérêt et k = K/AL est le capital par unité de travail effectif.

Dans cet ensemble de causes, on notera que la représentation de l'effet de la concurrence pourrait prendre l'allure d'une courbe en cloche. A de faibles niveaux un surplus de concurrence accroîtrait les innovations mais à des niveaux plus élevés, augmenter le degré de concurrence les réduirait. La concurrence a donc un impact ambigu. Trop de concurrence empêche les innovateurs d'acquérir une position de marché privilégiée mais il faut néanmoins l'aiguillon de la concurrence pour pousser les efforts de recherche.

La grandeur **k** est représentative de la taille des marchés ; elle fait augmenter l'intensité de l'effort d'innovation **q**, qui à son tour accroît le stock des idées et procédés **a.** Cette séquence est dénommée habituellement « relation de Schumpeter ».

Ainsi, la première variable d'intérêt est le rendement net anticipé de l'innovation soit f^e(PmA, Tax). Les entreprises mettent en œuvre des recherches lorsque les résultats de celles-ci sont susceptibles de conduire à des innovations rentables[34]. Une relecture des équations (4) nous en donne une version détaillée : f^e [O. (α_A) $L^{\alpha}{}_{L}$. $H1P^{\alpha}{}_{h1P}$. $K^{\alpha}{}_{K}$. $A^{(\alpha_A{}^{-1})}$, Tax].

Comme pour tout autre investissement, la construction de A par l'effort conscient des entreprises ou des entités publiques s'accompagne d'une mise au rebut des procédés devenus ainsi plus vite obsolètes. Bien que l'idée schumpétérienne de destruction créatrice se soit surtout développée pour le progrès technique, nous pensons qu'elle s'avère également pertinente pour certaines catégories de capital, physique (K) et humain (H1P et H3SC). Quand une recherche aboutit, sa concurrence n'affecte pas tant les procédés théoriques que leur manifestation

[34] Les travaux sur la rentabilité des investissements en recherche et développement sont nombreux. On peut citer une étude de Dominique Guellec et Bruno Van Pottelsberg de la Poterie (2001). En moyenne, un supplément de 1 % de R-D des entreprises engendre une croissance de 0,13 % de la productivité pour un groupe de 16 pays de l'OCDE.

concrète dans des équipements devenus relativement moins compétitifs ou dans des connaissances devenues moins utiles[35]. On peut donc négliger l'impact négatif sur le stock A lui même, impact qui se borne aux quelques idées reconnues comme fausses et qui, par définition, n'ont jamais produit d'application remarquable. Elles n'auraient par conséquent jamais mérité de figurer dans A.

Les efforts de recherche et développement accroissent le stock de procédés technologiques A dans la ligne des modèles à « accumulation d'idées » associés aux noms de Paul Romer (1990) ou Charles I Jones (1995). « A » dépend aussi des moyens employés pour la recherche-développement et pour l'accueil de la technologie étrangère. Le capital H3SC, défini dans l'encadré 2-3 est donc aussi le catalyseur de l'investissement en nouveaux produits, procédés ou idées. C'est à partir d'un investissement préalable dans cette forme de capital humain que peuvent ensuite être découvertes d'autres idées menant à des innovations technologiques. Quand Isaac Newton affirmait[36] : *« J'ai vu plus loin parce j'étais juché sur des épaules de géants »*, il ne précisait pas de quelle façon il y était monté ni les efforts et le temps consentis pour y parvenir. Ceux-ci correspondent exactement à l'accumulation d'une culture scientifique de type H3SC correspondant à une transmission et un apprentissage souvent laborieux et c'est l'une des idées force de MIE. Certes, les rapports entre le progrès technique et le capital humain ont été souvent remarqués par le passé et en particulier dans le modèle de

---

[35] On a observé que l'effet d'apprentissage se produit fréquemment à l'occasion du changement de l'équipement du poste de travail. Cela signifie *a contrario* qu'une part de H1P, celle qui correspond au savoir-faire sur les anciens équipements, devient obsolète.

[36] En 1676, dans une de ses lettres, Isaac Newton emprunta cette formule au philosophe français du XIIème siècle, Bernard de Chartres.

croissance unifié d'Oded Galor et David Weil (2000) mais ceux-ci ne distinguent pas aussi nettement entre les nombreuses formes de capital humain.

La recherche est partiellement contrôlée par les pouvoirs publics qui ont un levier sur l'acquisition de H3SC en promouvant ou en assurant les enseignements de haut niveau et en favorisant les démarches individuelles dans ce sens ; mais ils font souvent le contraire ! La recherche publique qui développe des concepts et idées intégrées par le biais de la culture scientifique H3SC contribue aussi directement ou indirectement à la production de nouvelles technologies[37]. On peut résumer ce deuxième point en introduisant une variable exogène Apub qui est l'investissement public de recherche, mesuré ordinairement en part de PIB.

Les aspects extérieurs deviennent cruciaux lorsqu'on considère l'ouverture Ouv et la puissance H5PU. La circulation des technologies au niveau mondial élargit la diffusion du progrès technique à l'ensemble de la planète. Mais cette diffusion est plus ou moins efficace et bénéfique selon l'« ordre d'entrée en scène ». En effet, les pays qui créent une nouvelle technologie ou l'acquièrent dans un premier temps prennent un avantage important sur les autres : brevets, fixation de normes d'utilisations, formats des matériels associés... La puissance H5PU joue à cet égard un rôle éminent soit parce qu'elle permet de protéger les activités et les acquis technologiques soit parce qu'elle peut être utilisée offensivement sur les plans du droit et des justices internationales, de la possession de certaines ressources rares, de l'attrait des chercheurs étrangers (se garantir plus facilement une augmentation de H3SC) ou encore

[37] Dans l'étude citée à la note précédente un surplus de 1% de la R-D publique provoque un progrès de 0,17 % de la productivité des entreprises.

du vol pur et simple des recherches étrangères par les prises de contrôle ou l'espionnage. La langue utilisée dans les travaux de recherche et les procédures de validation : diplômes, revues, prix prestigieux, classements internationaux…sont aussi des éléments évidents de manifestation de puissance H5PU, profitable aux pays dominants. On ne peut évidemment passer sous silence la relation intime entre la recherche de puissance militaire, composante essentielle de la puissance géopolitique et les investissements technologiques ; à cet égard, l'action de la NASA aux Etats-Unis a même servi de modèle à ce que d'aucuns considéraient dans les années quatre-vingt comme la politique industrielle idéale. Le développement et l'attrait des technologies s'opèrent à travers ce canal particulier. On trouve donc ici une double influence positive de l'ouverture Ouv et de la puissance H5PU.

La présentation du taux de progression de A et de son lien avec la puissance ne serait pas complète si l'on s'abstenait de signaler qu'à notre époque et sans doute pour la première fois dans l'histoire occidentale, le niveau technique A peut baisser. Cela se produit toutes les fois où des normes environnementales privent les producteurs d'armes ou de procédés utiles. Ces phénomènes sont de plus en plus fréquents et jouent un rôle certain pour la détermination du taux de croissance. Ils prennent aussi place dans des conflits de guerre économique (J-B Noé 2020)]. La poussée d'écologie politique doit donc être incorporée à l'analyse de dLogA et éventuellement à travers H5PU.

Ainsi, la fonction définissant le taux de croissance de A s'écrira :

(8) $\mathbf{dLogA = F_A [f^e [O. (\alpha_A) L^{\alpha}{}_{L}. H1^{\alpha}{}_{h1}. K^{\alpha}{}_{K}. A^{(\alpha_A - 1)}, Tax], H3, A_{pub}, (Ouv \times H5PU)]}$

(5) La croissance de la force de travail

Au lecteur exténué, on pourrait tout de suite proposer la solution des modèles néoclassiques simples qui considèrent que le taux de croissance de la force de travail correspond à celui de la population soit le fameux « n ». Mais cette option reposante doit être courageusement rejetée tant elle viole la cohérence du modèle et dédaigne la simple réalité des faits. Dans le contexte d'un modèle insistant sur les comportements effectifs d'investissement, retenons d'abord que la variable L est la population active, c'est-à-dire la mise à disposition de la production non domestique d'une force de travail appelée à y trouver une rémunération. En clair, il s'agit ici d'une fonction d'offre de travail d'où certes les considérations purement démographiques ne sont pas absentes mais où les comportements d'engagement ne sont pas absents non plus.

La variable que privilégie l'analyse microéconomique traditionnelle est le taux de salaire net réel, c'est-à-dire la PmL combinée aux éléments d'imposition Tax. Plus le taux de salaire net s'élève plus les effets de substitution entraînent les individus à se porter sur le marché du travail et à délaisser les activités de loisir ou domestiques au sein du ménage.

Il est bon de noter cependant que ces comportements ne peuvent être analysés sans une référence explicite à leurs liens avec le capital humain, ses diverses cultures H1P, H2ER, H3SC, H10Pa[38], le capital-santé H7SA et la volonté de réussite H6V. Le temps de travail offert ne peut en effet être physiquement séparé de sa charge qualitative et des espérances de salaire qu'elle autorise. Si le travail féminin s'est développé

[38] La quête du sentiment de participation fierté H10Pa est un puissant déterminant de l'offre de travail professionnel. Ceci explique pourquoi le chômage de longue durée est souvent très mal vécu.

dans la plupart des pays c'est certainement parce que les jeunes filles ont eu accès à de meilleures formations scolaires et universitaires. Au plan macroéconomique, la poussée du capital humain est un facteur qui mène indéniablement à une croissance plus vive de la population active et nous procure ainsi une autre variable d'importance pour la fonction d'engagement du travail, soit le taux de croissance du capital humain professionnel LogH1P. Comme signalé plus haut lors de la discussion sur l'investissement en capital humain, une décision d'engagement dans la population active se prend en tenant compte du niveau de capital humain, à partir duquel les individus modulent leurs prétentions face aux salaires proposés. Les offres d'activité et de capital humain sont donc liées car on peut d'une part valoriser mieux la culture humaine professionnelle en accroissant l'activité alors que d'autre part, la rémunération de l'activité dépend du capital humain ; dans l'expression de la PmL, le niveau de capital humain H1P figure avec un exposant positif.

Des dispositifs sociaux sont susceptibles d'affecter négativement l'offre de travail. Les impôts payés et la présence d'allocations et de revenus d'inactivité se combinent parfois de façon perverse pour réduire la participation effective au travail. On retrouve alors Adm indiquant les mouvements de la réglementation publique dans ces domaines. La qualité de la politique conjoncturelle QPC est aussi impliquée lorsque l'offre de travail est affectée par les effets de « travailleurs découragés ». Ces effets sont qu'une récession prolongée provoque un retrait durable d'activité d'agents ne trouvant pas d'emplois. Il s'agit d'un des « effets d'hystérèse » de l'instabilité conjoncturelle, qu'une meilleure maîtrise des fluctuations peut permettre d'éviter.

Le taux d'activité et la mobilisation de l'offre de travail dépendent aussi fortement du capital-santé H7SA, notamment dans les pays pauvres où les endémies, le paludisme par exemple, sont largement répandues et pénalisantes.

Les influences extérieures sont également concernées par les migrations de travail et la politique migratoire plus généralement. On ne peut donc pas omettre les facteurs de mondialisation, de son évolution Ouv et les éléments de puissance H5PU qui leur sont liés. C'est vrai pour les pays d'émigration comme pour les pays d'immigration. Pour chaque pays, le rapport à la mondialisation est particulier ; ainsi par exemple, l'Irlande est en Europe un pays spécial, recevant une immigration de travail et entretenant des liens économiques et culturels avec les grandes nations anglo-saxonnes qui dirigent son émigration. Il en résulte des offres de travail de court et long terme particulièrement sensibles [voir Anne-Yvonne et Bernard Landais (2014)]. Les pays sub-sahariens sont un autre cas : ils voient partir leurs diplômés et perdent ainsi à la fois du travail et du capital humain, certes souvent peu utilisables sur place, tout en recevant des flux de transferts[39]. L'un des attributs de la puissance géopolitique H5PU est à notre époque la capacité qu'ont les pays d'orienter et de maîtriser les flux migratoires dans le sens de leurs intérêts, qu'ils soient économiques ou autres.

Pour clôturer cette présentation, il convient d'ajouter les éléments démographiques, d'ailleurs fort compliqués. Pour établir L, oublions **n,** le taux de croissance de la population ; il faut considérer plutôt la mécanique de remplacement des

[39] Ces transferts sont le rendement d'un capital humain d'un genre particulier et qu'on pourrait qualifier de « culture de migration ». Dans bien des villages africains, c'est l'ensemble de la communauté qui mise collectivement sur les chances de réussite d'une migration d'un ou plusieurs de ses jeunes. Par exemple, la communauté avance le prix du passage en Europe.

générations au cœur de la zone d'âge d'activité, zone qui évolue aussi de plusieurs façons sous l'effet des règlements, de l'âge de la scolarité obligatoire, de celui de la retraite et de la multitude de facteurs en rapport avec ce que nous avons vu plus haut.

A supposer même qu'on retienne un accroissement naturel avec décalage dans le temps, il faut encore tenir compte de l'interaction complexe existant entre cet accroissement et la croissance économique passée, présente et à venir. En outre, la question ouvre le champ des relations du taux naturel d'accroissement avec la culture, la religion H4C, les mentalités et leur évolution. Or cette dernière est difficile à prévoir et variable d'un pays à l'autre. Aussi, bien humblement, devra-t-on se contenter d'une variable démonstrative Demo[40].

On en arrive ainsi à une équation de croissance du facteur travail :

(9) $\mathbf{dLogL = F_L\ [f^e[O.\ (\alpha_L).\ H1P^{\alpha h}{}_1.A^{\alpha A}.\ K^{\alpha K}.L^{(\alpha L^{-1})}),\ Tax],\ dLogH1P,\ Adm,\ QPC,\ Ouv,\ H7SA,\ V,\ H5PU, H10Pa,\ H4C,\ Démo]}$

Comme dans les modèles traditionnels, la croissance du facteur travail a un rôle particulier dans l'équation 3'. Elle augmente la production mais réduit celle du produit par tête, que la plupart des économistes considèrent comme l'objectif prioritaire de croissance économique.

[40] Quitte à opérer ensuite un programme de tâtonnement empirique pour mieux la caractériser…

(6) La croissance de la population

Cette partie poursuit la logique précédente. Pour établir le revenu par tête Y/N et sa croissance, nous avons retenu le taux de croissance de la population totale « n ». On devrait sans doute, pour assurer la cohérence du raisonnement, adopter la même démarche que pour les facteurs de production, c'est-à-dire tenter d'en faire une question d'investissement. Ce serait théoriquement possible s'il n'était question que de la natalité, en référence aux choix de la fonction économique du nombre d'enfants[41]. En fait, même dans ce cas, les éléments extra économiques et les mentalités, en particulier la culture de croyance H4C, jouent un rôle tellement important que cette approche serait très incertaine. Quant à la mortalité, il est bien heureux que les décisions échappent à la logique de calcul économique même si certaines tendances inquiétantes se profilent à l'horizon...Enfin, les migrations sont des questions complexes où la part économique n'est pas absente mais où elle n'est pas tout. On se contentera donc de dire, plutôt piteusement, que N s'accroît au taux **n** même si pour chaque cas (chaque pays), des explications des évolutions démographiques peuvent être recherchées avec profit.

À noter qu'à partir du moment où une équation d'activité (9) fixe la croissance de la quantité de travail L, la différence (dLogL - n) a beaucoup à voir avec le taux d'activité de la population totale et avec sa structure par âge. Un pays peu développé qui réussit sa transition démographique obtient ainsi quasi mécaniquement une croissance du revenu par tête du fait de l'augmentation progressive et temporaire du taux d'activité. À l'inverse, un pays qui vieillit et qui accumule une population de retraités plus vite que les nouvelles entrées en activité des

[41] Comme l'ont fait certains travaux de l'Ecole de Chicago dans les années soixante-dix.

jeunes, doit faire face aux vents contraires en termes de produit par tête. C'est une des causes les plus évidentes de la stagnation des pays développés quand le vieillissement n'est pas compensé par l'immigration de travail.

Arrivés au terme de cet exposé du modèle MIE, nous pouvons en rassembler les principales hypothèses dans le Tableau 2-1 ci-dessous et la maquette.

Tableau 2-1 **Résumé mathématique du modèle MIE**

Fonction de production

(1)

$\text{Log } Y = \text{Log } O + \alpha_K .\text{Log } K + \alpha_{h1}. \text{ Log } H1P + \alpha_A .\text{Log } A + \alpha_L .\text{Log } L$

Fonction de production intensive

(2)

$\text{Log}(Y/L) = \text{Log } O + \alpha_K \text{ Log } K + \alpha_{h1}. \text{ Log } H1P + \alpha_A \text{ Log } A + (\alpha_L\text{-}1) \text{ Log } L$

Taux de croissance du produit par heure de travail

(3)

$\text{dLog } (Y/L) = \text{dLog } O + \alpha_K .\text{dLog } K + \alpha_{h1}. \text{ dLog } H1 + \alpha_A. \text{ dLog } A + (\alpha_L\text{-}1) \text{ dLog } L$

Taux de croissance du produit par tête

(3') $dLog\,(Y/N) = dLog\,O + \alpha_A\, dLog\,A + \alpha_L\, dLog\,L + \alpha_K\, dLog\,K + \alpha_{h1}.dLog\,H1P - n$

(4) Les productivités marginales

$$PmH1P = dY/dH1P = O.(\alpha_{h1P})\,.L^{\alpha}{}_L.\ A^{\alpha}{}_A.\ K^{\alpha}{}_K\ H1P^{(\alpha_{h1P}-1)}$$

$$PmK = dY/dK = O.\ (\alpha_K).\ L^{\alpha}{}_L.\ H1P^{\alpha}{}_{h1P}.\ A^{\alpha A}.\ K^{(\alpha_K-1)}$$

$$PmA = dY/dA = O.\ (\alpha_A)\ L^{\alpha}{}_L\ .\ H1P^{\alpha}h1P.\ K^{\alpha}{}_K\ .\ A^{(\alpha A-1)}$$

$$PmL = dY/dL = O.\ (\alpha_L).\ H1P^{\alpha}{}_{h1P}.\ A^{\alpha}{}_A.\ K^{\alpha}{}_K.\ L^{(\alpha_L-1)}$$

Croissance de l'organisation

(5) $dLog\,O = F_o\,(K_{pub}, Adm, Ouv, H5PU, H8SU, AE)$

Investissement en capital physique

(6) $dLogK = Fk\ [\ f^e(O.\ (\alpha_K).\ L^{\alpha}{}_L.\ H1^{\alpha}{}_{h1}.A^{\alpha}A.\ K^{(\alpha K-1)} - Tax), H2ER, H3SC, (Ouv\times P), \delta_k, QPC, Adm\ ]$

Investissement en capital humain professionnel

(7) $dLog\,H1 = F_{H1P}\ [f^e{}_{H1}\ [O.\ (\alpha_{h1}).\ L^{\alpha}{}_L.\ A^{\alpha A}.\ K^{\alpha K}.\ H1P^{(\alpha h_1-1)}, Tax]\ , K_{pub}\ , Adm\ , AE, QPC, H6V, H7SA, H10Pa, Ouv, dLogK, dLogA, \delta_{h1}]$

Investissement en progrès technique

(8) $dLogA = F_A\ [f^e\ [O.\ (\alpha_A)\ L^{\alpha L}.\ H1P^{\alpha h1}.\ K^{\alpha K}.\ A^{(\alpha A-1)}, Tax], H3SC\ , A_{pub}, Ouv, H5PU]$

Offre de travail

(9) $dLogL = F_L\ [f^e[O.\ (\alpha_L).\ H1P^{\alpha h}{}_1.A^{\alpha A}.\ K^{\alpha}{}_K.L^{(\alpha_L-1)}), Tax], \Delta LogH1P, Adm, QPC, H4C, H5PU, H6V, H7SA, H10Pa\ Ouv, Démo$

Tableau 2-2 **Maquette de déroulement du modèle MIE**

Niveaux -3 -4 -5 ...

Niveau « -2 » : variables explicatives des explicatives

Ouv QPC H1P H2ER H3SC H4R H5P H6V H7SA H9p H10Pa S_{Apub} AE Demo K_{pub}……………………etc.

Niveau « -1 » : variables explicatives des investissements effectifs

δ_k Tax Ouv QPC H2ER H3SC ADM H5P H4C H6V H7SA S_{Apub} AE H8SUR H10Pa Demo K_{pub}

PmK PmA PmH1 PmL

Niveau des investissements effectifs

dLogK dLogA dLogH1 dLogL dLogO

Niveau croissance

% Δ PIB / N

Le module MIE est ici représenté en chaînes de causalité. **On suggère la lecture de bas en haut :**

En bas du tableau, les fonctions d'investissement construisent la croissance du PIB par tête.

Plus haut, au niveau -1 en amont, figurent les variables explicatives de ces fonctions d'investissement. Plus en amont encore, au niveau -2 on observe que beaucoup de variables ont été mobilisées comme déterminants de ces variables explicatives elles-mêmes. On peut ainsi remonter de période en période (niveaux -3, -4 …etc.) pour atteindre des causes de plus en plus lointaines. Ces remontées ont un sens théorique, les causalités successives, mais aussi chronologique car elles nous portent vers les sources de la croissance actuelle situées dans un passé de plus en plus lointain.

Bibliographie du chapitre 2

Aghion, Philippe et Howitt, Peter (1992) : « A Model of Growth through Creative Destruction » *Econometrica,* 60, 2 , Mars.

Aschauer, David (1985) : « « Fiscal Policy and Aggregate Demand », *American Economic Review* 75, 1 (Mars).

Audretch, David, Bonte, Werner et Jagannadha Pawantamvada (2007) : « Religion and Entrepreneurship » DO- 10.2139/ssrn.1025968 JO - SSRN Electronic Journal.

Barro, Robert (1990) : « Government Spending in a Simple Model of Endogeneous Growth », Journal of Political Economy, 98, Octobre.

Barro, Robert (1991) : « Economic Growth in a Cross-Section of Countries », Quarterly Journal of Economics, May.

Barro, Robert et Sala i Martin, Xavier (1995) : « Economic Growth » Mac Graw Hill (Publisher), Traduction française : Ediscience (Editeur) 1996.

Barro, Robert (2003) : « Religion and Economic Growth Between Countries », American Sociological Review.

Blanchard, Olivier (2005) : « A Macroeconomic Survey of Europe », *MIT Economics* (Novembre).

Bodin, Jean (1576) : « Les six livres de la République », Ed Fayard, Collection Sciences Humaines, 1986.

Caselli, Francesco et Feyrer, James (2006) : « The Marginal Product of Capital », 7th Jacques Polak Annual Research Conference, FMI des 9-10 Novembre.

Carlin, Wendy et Soskice, David (2006) : « Macroeconomics », « Imperfections, Institutions and Policies », Oxford University Press.

Chialand, Gérard (2018) : « Le pouvoir feutré », *Conflits, Hors-série* N^{0}7, Printemps.

Galor, Oded et Weil, David (2000) : « Population, Technology, and Growth: From Malthusian Stagnation to the Demographic Transition and beyond » American Economic Review, Vol 90, N°4, Septembre.

Gandelman, Nestor et Hernàndez-Murillo, Rubén (2015) : « Risk Aversion at the Country Level », FRB Saint Louis Review, premier trimestre.

Guellec, Dominique et Van Pottelsberghe de la Poterie, Bruno (2001) : « Recherche- Développement et croissance de la productivité : Analyse de données d'un panel de 16 pays de l'OCDE », *Revue économique de l'OCDE,* N⁰ 33 2001/2.

Grossman, Gene et Helpman, Elhanan, (1991) : « Innovation and Growth in the Global Economy », Cambridge, Massachusetts : The MIT Press.

Guido Luigi, Sapienza, Paola et Zingales Luigi (2003) : « People Opium Religion and Economic Attitudes », Journal of Monetary Economics, N° 50,

Jones, Charles I (1995) : « Théorie de la croissance endogène », De Boeck Université.

Landais, Anne-Yvonne et Landais, Bernard (2014) : « Optimalité en zone monétaire et mondialisation spécifique des Etats : un cas limite, l'Irlande », *Studia Oeconomica Posnaniensia*, Vol 2 N°12.

Landes, David (2006) : « Why Europe and the West, Why not China ? » Journal of Economic Perspectives.

Leprince-Ringuet, Louis (1973) : « Sciences et bonheur des hommes » Col Champs Flammarion.

Lucas, Robert (1988) : « On the Mechanics of Economic Development », *Journal of Monetary Economics,* 22 (Juillet).

Mankiw, Gregory, Romer, David et Weill, David (1992) : « A Contribution to the Empirics of Economic Growth », Quarterly Journal of Economics, Mai.

Noé, Jean-Baptiste (2020) : “Les normes : tueurs en série d’une puissance” Site de l’Institut des Libertés, 25 septembre

Romer, Paul (1990) : « Endogeneous Technical Change », Journal of Political Economy, 98, 5, Octobre.

Sowell, Thomas (1983) : « The Economics and Politics of Race ; An International Perspective » traduction française (1986) par Raoul Audouin et collaboration de François Guillaumat sous le titre : « Race, politique et économie », Presses Universitaires de France.

Sowell, Thomas (1981) : « L’Amérique des ethnies », traduction française : Éditions « L’Age d’homme » (1983).

Valdès, Benigno (1999) : « Economic Growth », Edward Elgar.

Weil, David (2014) : « Health and Economic Growth » in: Philippe Aghion & Steven Durlauf (ed.), *Handbook of Economic Growth.*

Chapitre 3

Caractères et implications du modèle à investissements effectifs

Section 1 Caractéristiques de MIE : les leçons

Le modèle à investissement effectif MIE révèle avant tout une vision « volontariste » de la croissance. En effet, toutes ses équations expriment des comportements et le progrès qu'on espère est presque toujours l'expression d'un effort pensé et volontaire en faveur de la progression des facteurs[42] et de celle de la production elle-même. Il n'y a pas grand-chose de « gratuit » dans le phénomène de croissance et celui-ci est le résultat d'implications laborieuses.

Le modèle MIE est néoclassique, dans la mesure où il privilégie l'approche comportementale, en liaison avec l'objectif de maximisation de l'utilité et avec celui du maximum de profit. C'est aussi un modèle d'accumulation avec apparition « en creux » de tous les efforts de non consommation que supposent les investissements entrepris.

Le modèle est une généralisation des approches « endogènes » de la croissance, exprimées depuis les années 1980 par les défenseurs d'un progrès technique dépendant du mouvement de

[42] Ceci n'implique pas que les agents décideurs ont directement le souci de la croissance économique nationale ; beaucoup limitent leurs horizons à leurs intérêts propres.

croissance lui-même ou de divers mécanismes de processus cumulatifs [voir par exemple Paul Romer [(1984) puis (1990)], Robert Barro (1990), Robert Lucas (1988), Charles I Jones (1995)]. MIE déclare d'emblée que les forces de croissance sont canalisées dans les fonctions d'investissement des nombreux facteurs de production qui reflètent des causes diverses dont très peu sont accidentelles mais aussi les élans acquis de la croissance passée.

Le modèle MIE est-il réfutable et si oui à quel propos ? Il est attaquable sur le choix de la fonction de production et en particulier sur l'identité des variables globales choisies mais pas au-delà, l'équation (3') de produit par tête qui l'expose le mieux se dérivant par un traitement mathématique totalement évident. À cet égard, il continuerait une tradition mécaniciste des modèles traditionnels de croissance s'il ne prenait ensuite le risque de formaliser tous les taux de croissance des facteurs sous forme de fonctions d'investissement, au lieu d'y mettre force grandeurs exogènes arbitraires telles que « n », « s », « taux de scolarité » … pour se faciliter la tâche d'un habillage économétrique. Sur ces fonctions, de (5) à (9) et sur l'identité des variables qui y figurent, le modèle est évidemment à nouveau contestable.

Parler d'investissements effectifs signifie encore que la question de la croissance ne doit pas être traitée à partir de comportements d'un ou de quelques agents représentatifs hypothétiques plus ou moins artificiels mais plutôt par la multitude des agents effectivement présents au sein d'une économie, par exemple : les jeunes recherchant les diverses formes de capital humain en proportions variables, les entreprises agissant pour l'organisation, le capital et le progrès technique, les personnes potentiellement actives se portant ou non sur le marché du travail, les pouvoirs publics sous toutes leurs formes et avec toutes leurs missions, les pays étrangers jouant leur rôle dans la mondialisation…La riche variété des acteurs et des actions menées donne ainsi à MIE un caractère ouvertement descriptif à prétention raisonnablement exhaustive…

Si le modèle MIE est d'emblée théorique et s'il n'est évidemment pas falsifiable en bloc par une approche économétrique d'ensemble, il offre néanmoins un cadre solide pour des études d'influence particulière, très voisines de celles que permettent les modèles contemporains. Ainsi, il est parfaitement possible de faire une analyse statistique de l'influence des équipements publics, des institutions d'enseignement, de l'effort de puissance, du degré d'ouverture…

Ces études empiriques peuvent être entreprises soit au niveau plus général de la croissance finale mais alors elles entrent dans le maelström de ce qui existe déjà à profusion soit, mieux, au cœur de telle ou telle fonction d'investissement ciblée. Dans ce dernier cas, elles peuvent alors valider une hypothèse théorique plus claire. Aussi, bien loin de constituer un recul ou un renoncement face aux faits stylisés, MIE enrichit l'interprétation de cette hypothèse en la précisant.

J'aborde à partir d'ici une série de questions rituelles en rapport avec la théorie de la croissance, en montrant qu'à l'aide de quelques hypothèses qui semblent raisonnables, MIE les prend en charge et s'efforce d'y répondre.

Calibrage et répartition

Les valeurs α_i présentes dans la fonction de production et accolées aux divers facteurs se retrouvent dans l'équation de croissance où elles dimensionnent les contributions à la croissance du produit. Elles représentent traditionnellement la part revenant à chaque facteur dans la répartition fonctionnelle des revenus.

Le modèle MIE est construit pour se conformer à toutes les situations nationales et par conséquent ne peut être calibré de façon unique. Les valeurs des exposants α_i sont variables d'un pays à l'autre parce que les PIB sont composés et obtenus différemment[43]. On peut juste discuter brièvement du cas des pays développés et principalement de celui des Etats-Unis.

Dans les modèles néoclassiques anciens et quand on considère seulement deux facteurs L et K, les valeurs contemporaines des paramètres les plus couramment proposées étaient de l'ordre de 0,6 pour $\alpha_L$et 0,40 pour α_K Ce sont des évaluations obtenues pour les Etats-Unis intégrant une évolution favorable au capital durant ces dernières décennies. A noter qu'alors, le progrès technique exogène, symbolisé par **A** et dont la croissance est le « résidu de Solow », ne recevait alors rien dans la répartition des revenus de facteurs : c'est la fameuse « manne » tombée du ciel.

Dans la littérature néoclassique plus récente à trois facteurs, des calculs appuyés sur la différence de rémunérations entre la quantité de travail avec et sans les qualifications nous donnent en général une répartition de l'ordre d'un tiers soit des valeurs de α_i à peu près équivalentes pour K, L et H. Le progrès technique, toujours exogène, ne rapporte toujours rien à ses promoteurs célestes.

Dans le modèle à investissement effectif MIE, on ajoute encore un quatrième facteur, l'ensemble des procédés soit « A »,

[43] Et aussi parce que la multiplication par deux du nombre des facteurs de la fonction de production est une occasion supplémentaire de différenciation géographique.

constituant le stock des techniques augmenté par la recherche. Dans le corps du modèle, nous avons fait ressortir que cet élément était étroitement associé au capital physique et profitait à ses promoteurs lors des projets d'investissement en capital physique nouveau, soit pour mieux produire à coûts réduits soit, le plus souvent, pour construire des produits améliorés ou carrément nouveaux.

On pourrait donc suggérer, comme ordre de grandeur, que le progrès technique et le capital physique ont à peu près la même importance relative, soit $\alpha_L = \alpha_{H1} = 0{,}3$ et $\alpha_K = \alpha_A = 0.2$.

Ceci nous donnerait : **Log Y = Log O + 0,2 (Log K + LogA) + 0.3 (Log L + LogH1P)**

ou encore **$Y = O. (A.K)^{0,2}. (L.H1P)^{0.3}$**

L'approximation a ceci de paradoxal et d'un peu amusant qu'elle remet en honneur une forme ancienne de la fonction de production, lorsque les deux facteurs capital et travail étaient combinés à leur « qualité ». Le capital physique était associé à son niveau technologique et le travail humain à sa qualité, exprimée par la « culture professionnelle ».

Évidemment, ceci n'est qu'une hypothèse plutôt plausible pour les pays développés, pays où le rôle du progrès technique semble de plus en plus important. Chaque économie a d'ailleurs probablement sa propre séquence pour des valeurs de α_i que des travaux empiriques pourraient déterminer[44].

Il reste encore que le facteur d'organisation O est supposé ne pas recevoir de rémunération **en rapport à sa productivité marginale**. O est d'origine publique pour une bonne partie, les

[44] Difficilement ! Toujours pour des raisons de mesure, notamment du niveau technique A et du capital humain professionnel H1P.

impôts en sont la contrepartie la mieux repérée et il n'est pas plus coûteux de produire un bon Droit et une bonne réglementation que d'en produire de mauvaises, bien au contraire.

Remarquons que pour la France, la part de revenus allant aux travailleurs c'est-à-dire ici ($\alpha_L + \alpha_{H1P}$) a été évaluée au début du siècle à 0,62 [Olivier Blanchard (2005)]. Ainsi notre propre hypothèse en est très proche (0,60), Blanchard notant par ailleurs une tendance baissière (la part du travail aurait été de 0.75 pour 1981). Ceci indique *a contrario* qu'une augmentation de la part des autres facteurs (K et A) s'est produite. Dans le modèle MIE, ce sont donc les parts additionnées du capital et du niveau technique qui seraient arrivées aux alentours de 0,40. L'évolution semble devoir être plus attribuée à l'augmentation de la part du niveau technique α_A qu'à celle du capital physique proprement dit α_K et cela correspond aux observations faites sur la structure de production des pays développés ainsi qu'aux préconisations de croissance comme celles de la Conférence de Lisbonne en 2000 sur l'« économie de la connaissance » en Europe et sur une nouvelle « stratégie de croissance ».

Section 2 Convergence et potentiel

Convergence

Existe-t-il un mécanisme automatique conduisant les pays les moins avancés à rattraper les autres, le peloton des coureurs de croissance se resserrant, ou plutôt est-ce le contraire, appelé la « divergence ». On distingue habituellement la convergence absolue qui correspond à ce qui vient d'être dit et la convergence conditionnelle qui prétend que lorsque l'on a déjà pris en compte préalablement les perspectives de croissance des divers pays, en gros leur « potentiel », il demeure une propension résiduelle à ce que les pays les plus pauvres rattrapent les plus riches.

Encadré 3-1 Mesures dc la convergence : β-convergence et σ-convergence, convergence absolue, convergence conditionnelle

Dans les analyses néoclassiques de type « Barro » ou « Mankiw, Romer et Weill » on distingue habituellement deux mesures concurrentes possibles du phénomène de convergence.

La β-convergence considère la croissance du revenu par tête des pays (i) en fonction de leur revenu par tête y_0 au début de la période soit (équation 1) : $\mathbf{dy/y = dLog(Y/L)_i = -\beta\, y_{0i} + c + e_i}$.

Si β est jugé significativement positif dans les tests statistiques sur groupes de pays ou données de panel (-β négatif) on en déduit qu'un pays pauvre au départ a tendance à croître plus vite que les autres. Le résultat inverse conduit à une β-divergence (croissance cumulative en quelque sorte). **Si l'équation testée est très simple et ne comporte qu'une variable explicative comme ci-dessus, le test est dit de convergence absolue** et dans les faits, il conclut parfois à une **présomption de légère divergence** (-β positif) mais le plus souvent à aucune relation d'un sens quelconque !

Dans le chapitre 1, nous avions repéré une équation plus générale du modèle néoclassique où y_0 n'est pas la seule variable explicative[45].

$$dy/y = -\beta\, y_0 + \beta\, \gamma_1 . Z_1 + \beta\, \gamma_2 Z_2 + \ldots \beta\, \gamma_j Z_j \ldots + \beta\, \gamma_n Z_n + c + e_i$$

Les grandeurs $Z_{j\,(1 < j < n)}$ sont des caractères exprimant le « potentiel » de croissance d'un pays i. Parallèlement, une vérification considérant que le paramètre (-β) est significativement négatif est l'expression d'une **convergence conditionnelle,** souvent observée en pratique, en contrôlant statistiquement pour les éléments du « potentiel ».

45 Voir le chapitre 1, encadré N°1.

La σ-convergence est celle qu'on apprécie à partir de la variance des niveaux de revenu par tête d'un groupe de pays à des dates différentes. Si la variance se réduit d'une date ancienne donnée à une date plus récente, les niveaux se resserrent et l'on parle de convergence ; la divergence est admise si la variance au sein du groupe s'accroît.

Ces deux mesures ne coïncident pas complètement. La σ–convergence est plus difficile à observer que la β-convergence. On admet en effet que le rapport des variances V_2/V_1 s'exprime par rapport à b de la façon suivante : $V_2/V_1 = (1-b)^2/R^2$, où b est le paramètre estimé de l'équation 1 et R^2 le coefficient de détermination multiple de cette même équation estimée. Il ne suffit donc pas que b soit positif (-b négatif) pour que le rapport des variances soit inférieur à 1.La β-convergence est donc une condition nécessaire mais non suffisante de la σ-convergence.

Ces diverses formes sont intéressantes à connaître mais les phénomènes qui freinent ou accélèrent la croissance des uns et des autres sont plus importants. A tout prendre, la β-convergence (ou divergence) est plus commode à interpréter en termes de rattrapage ou de non rattrapage, ce qui est au cœur de la question. Plus profondément, notre démonstration ci-dessous vise en réalité à démontrer que seule la β-convergence absolue présente un véritable intérêt.

L'observation de la convergence : une étude célèbre de Robert Barro

Dans son ouvrage [Robert Barro (1997)], l'auteur reproduit une étude portant sur la convergence et les équations de croissance. On se bornera ici à commenter le graphique de la convergence absolue pour environ 100 pays et pour trois sous-périodes comprises entre 1960 et 1990. Pour chaque sous période, il repère le logarithme du revenu par tête au début de chaque période comme variable explicative de l'équation de convergence absolue du β et le taux de croissance de ce revenu par tête durant la sous période. Les points représentatifs (de l'ordre de 250 en tout) se présentent sur le graphique 3-1 ci-dessous avec l'ajustement linéaire simple correspondant à l'équation (1) de l'encadré 3-1 précédent.

Graphique 3-1 **Convergence absolue : corrélation entre la croissance et le PIB de début de période**

Source : Barro 1990

Croissance annuelle du PIB par tête

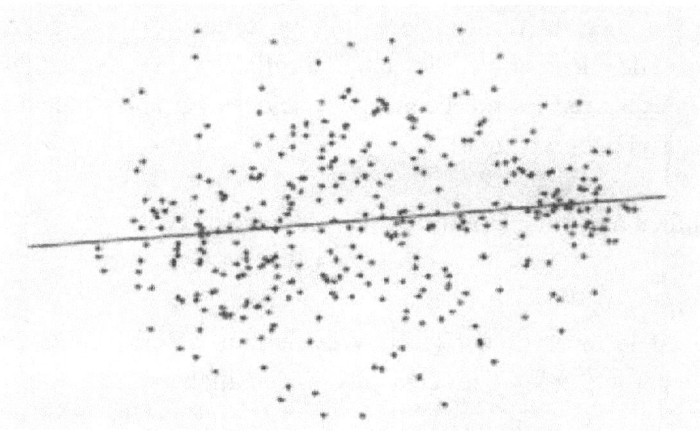

Log du PIB réel par tête en t_0

Dans cette étude bien connue, on repère un résultat clair qui se retrouve dans la quasi-totalité des études du même type et qui la fait encore accepter comme référence : pour les décennies passées, le nuage de points du graphique 3-1 correspondant aux études à champ mondial ressemble donc plus à un ballon de football qu'à un ballon de rugby. Il n'y indication ni de convergence du β ni de divergence, même si l'ajustement linéaire irait plutôt dans ce sens-là[46].Pour un pays donné, il n'y ni avantage ni inconvénient à être riche ou pauvre pour connaître une croissance forte ou faible du revenu par tête. C'est en réalité le seul fait avéré de l'analyse de la convergence !

L'étude de Robert Barro se poursuit pourtant ensuite sur les chemins de la convergence conditionnelle. Le potentiel y* est bâti comme une combinaison linéaire de tous les éléments pertinents Z_j (il retient ici la scolarisation masculine, l'espérance de vie, le taux de fécondité, la part des dépenses de l'Etat, l'indice du respect de la loi, les termes de l'échange, l'indice de démocratie, le taux d'inflation, des variables « croisées » avec les précédentes et quelques variables muettes de position géographique).

On obtient alors une **équation de croissance** de type :

$$dy/y = -\beta y_0 + \beta \gamma_1 . Z_1 + \beta \gamma_2 Z_2 + \dots$$

où y_0 est le revenu par tête, dy/y est le taux de croissance du revenu par tête et les Z les éléments du potentiel.

Une vérification aboutissant à ce que le paramètre $(-\beta)$ soit déclaré significativement négatif est l'expression d'une convergence conditionnelle en contrôlant pour les éléments du potentiel. C'est ce que trouve effectivement Robert Barro dans toutes les variantes de son travail empirique. En présence des variables Z_j, le paramètre du revenu de départ $(- \beta)$ est toujours présumé significativement négatif.

L'hypothèse cruciale à cet égard est l'idée selon laquelle plus l'écart (y^*-y_0) est grand et plus rapide est l'ajustement. Cette

---

46 Mais manifestement non significatif, ce que Barro reconnaît formellement.

hypothèse **exprime** donc bien la convergence conditionnelle mais ne l'**explique** pas.

On observe que l'étude de Robert Barro ne prend pas comme variable **explicative** le taux d'investissement en capital physique. Cela peut être considéré comme une bonne chose du point de vue économétrique et l'exonère à première vue de la critique de circularité que nous avions formulée à l'endroit de la théorie néo-classique moderne. Mais c'est sans doute pire, car son travail est marqué par l'empirisme seul, certaines variables faisant parfois allusion à l'investissement en capital humain mais rien ne venant plus rappeler que le mouvement de croissance est en rapport direct avec l'investissement en capital physique ou le progrès technique. Les travaux de ce type sont l'auberge espagnole où chaque chercheur arrive avec des variables de son choix mais sans guide théorique. En termes d'explication de la croissance, c'est en fait un renoncement ! Une consolation cependant, les influences présumées de la plupart des facteurs impliqués dans ce type d'équations sont évidentes et leur révélation chiffrée garde un intérêt pour MIE[47].

Barro conclut donc à cette convergence conditionnelle en présence de variables exprimant le potentiel des divers pays concernés. Nous pensons que ce résultat, commun à la majorité des études effectuées à ce jour, est obtenu sur la base d'artifices de présentation et de « potentiels » incomplets, comme nous allons tenter de le démontrer ci-dessous.

---

[47] Au début du livre nous disions que la théorie de la croissance est « facile » : on en veut pour preuve que très peu d'auteurs hésitent ou divergent sur le caractère bénéfique ou néfaste des diverses grandeurs retenues comme variables explicatives dans les équations de croissance ou de niveau de vie.

Convergence conditionnelle : que répond le modèle MIE ?

Dans le modèle à investissement effectif, la question de la convergence est facilement abordable au plan théorique. Il faut au préalable renouveler une hypothèse un peu forte, celle qui consiste à admettre que la fonction de production globale est la même partout, pays pauvres et pays riches confondus ; cette hypothèse, pour être très audacieuse, n'en est pas moins habituelle. Les quatre facteurs (K, L, H1P et A) ainsi que le taux de croissance de la population, c'est-à-dire l'ensemble des variables de la relation (3'), peuvent donner des pistes sérieuses pour évoquer la question de la convergence absolue. Il ne semble pas à l'inverse que la question de la convergence conditionnelle ait un intérêt quelconque dans ce contexte et probablement dans aucun.

Le cadre de la comptabilité comparative de croissance selon MIE

Supposons que deux pays ou deux groupes de pays « i » et « j » soient comparés du point de vue de leurs taux de croissance de produit par tête. Nous sommes alors amenés à juxtaposer les deux équations 3' et à les intégrer de la façon suivante par simple soustraction :

(3'')

$$[dLog(Y/N)_i - dLog(Y/N)_j] = dLogO_i - dLogO_j + \alpha_K [dLogK_i - dLogK_j] + \alpha_A [dLogA_i - dLogA_j] + \alpha_L [dLogL_i - dLogL_j] + \alpha_{H1} [dLogH1P_i - dLogH1P_j] - [n_i - n_j]$$

avec les notations habituelles.

Il y a donc six différences de taux de croissance particulier (pour O, A, K, L, H1P et N) qui expliquent ensemble la différence de taux de croissance du revenu par tête. Parmi ces six variations, quatre sont des fonctions d'investissement, dLogO pouvant s'y intégrer comme effort d'organisation mené par les sociétés mais n constituant l'arrière-plan mal expliqué de croissance démographique.

L'analyse de convergence qui suit pose la question : entre un pays pauvre « i » et un pays riche « j » comment expliquer une éventuelle différence de taux de croissance ?

Comme il s'agit de savoir si le seul fait d'être un pays riche ou pauvre conduit à être avantagé ou désavantagé en ce qui concerne le résultat final pour la croissance future du produit par tête dLog(Y/L), voyons-en les raisons pour chaque élément sans se faire *a priori* trop d'illusions sur la capacité à dégager une résultante indiscutable d'un signe déterminé. Pour mener le raisonnement, plaçons-nous du point de vue d'un pays i avec un degré de pauvreté $D°Pau_i$, indicateur représentatif des conditions de départ, le classement inversé du revenu par tête par exemple. Réfléchissons ensuite à ce qu'il peut espérer pour dLog K, dLogA, dLogL, dLogH1 et n. Avant d'entamer le raisonnement, remarquons rapidement que le facteur d'organisation est laissé hors du jeu théorique, rien n'assurant que le degré de pauvreté ou de richesse soit un élément déterminant a priori de **l'évolution** de O.

Néanmoins, comme le redoutait Joseph Schumpeter dans son ouvrage « Capitalisme, Socialisme et Démocratie » (1950), il se peut que l'organisation politique et sociale d'un pays qui arrive à un stade déterminé de développement évolue dans un sens défavorable au progrès économique. Si, comme il le pensait, les idées socialistes progressent en même temps que la croissance, l'organisation O risque de se modifier progressivement dans un sens défavorable au dynamisme économique. Et de fait, un nombre important de pays riches à orientation socialiste, tels les pays occidentaux actuels, ralentissent leurs investissements fondamentaux par une mauvaise politique d'incitations. Sans parler de O, on peut donc en juger à travers ce qui suit.

Position initiale et rythme d'accumulation du capital physique dLog K

Sur le plan théorique, l'idée de convergence **absolue** s'est longtemps justifiée par la raison non prouvée que la productivité marginale du capital serait plus élevée dans les pays pauvres que dans les pays riches. Si c'était le cas, elle pourrait entraîner des mouvements internationaux de capitaux renforçant le taux d'investissement des pays pauvres et réduisant celui des pays riches. Tout ceci repose sur l'idée juste qu'un facteur abondant est soumis à la loi des rendements décroissants : si le capital est abondant dans un pays riche, il sera forcément moins productif à la marge. La lecture de l'équation 4 le fait voir mais révèle aussi que les productivités marginales dépendent positivement de la dotation en facteurs complémentaires.

C'est ce point qu'en 1990 Robert Lucas avait utilisé en comparant les situations relatives de l'Inde et des Etats-Unis[48]. S'intéressant aux productivités marginales du capital physique, il partait d'un écart théorique de 1 (PmK US) à 58 (PmK Inde) lorsque le seul facteur complémentaire considéré est le travail ; il passait ensuite à un rapport de 1(US) à 5 (Inde) quand le capital humain est explicitement considéré en plus et il arrivait finalement à la quasi parité (1 à 1) lorsqu'on tient compte de surcroît du facteur d'évolution technique. Ainsi, à cette époque, les PmK des deux pays ne semblaient pas finalement très différentes l'une de l'autre. Des calculs de Cohen et Soto (2001) aboutissaient au même résultat.

---

[48] Les conditions sont bien différentes actuellement, l'Inde ayant rattrapé une grande partie de son retard.

Remarquons que ce raisonnement de Lucas est conforme à la logique du modèle MIE que nous présentons ici, c'est-à-dire un modèle de comptabilité de croissance, auquel on impose un usage théorique. Dans notre modèle, ceci correspond à une simple lecture l'équation (4) de la PmK, avec les influences des divers facteurs avec en sus le rôle du facteur d'organisation O. Sur cette même question, on se souvient sans doute de ce qui a été dit plus haut de la valeur de la PmK, toujours considérée comme suffisamment élevée pour les pays développés. En bref, la lecture de l'équation (4) permet d'expliquer la situation relative des pays.

La conclusion pour dLogK n'est pas nette : il n'y a pas de tendance précise à ce que les pays pauvres soient systématiquement favorisés par rapport aux pays riches, l'arbre des pays émergents ne cachant pas la forêt des pays constamment pauvres. De plus, même s'il demeurait une différence systématique entre les PmK des pays riches et des pays pauvres et à l'avantage de ces derniers, le passage aux investissements **effectifs** des deux groupes corrigerait probablement cet avantage. Il faut en effet compter avec le risque plus élevé entourant les projets dans les pays en retard. La croissance dLogK ne semble donc pas dépendre positivement du degré relatif de pauvreté (D°Pau) ou de richesse.

Le progrès technique et sa vitesse dLogA

Le stock des procédés technique A s'analyse immédiatement après le capital physique auquel il est souvent associé dans les projets concrets.

Sans entrer dans les détails d'une longue discussion sur la propagation spatiale du progrès technique, on peut néanmoins accepter l'hypothèse selon laquelle les pays les plus éloignés de la frontière technologique bénéficient généralement d'un progrès technique plus rapide. On en a observé des exemples très clairs dans la diffusion des nouvelles technologies de l'information : téléphones portables, internet et banque électronique en particulier.

Les projets venant de l'étranger, qu'ils soient agricoles, miniers ou industriels « transportent » également une technologie plus avancée qui peut se diffuser par différents canaux : effets d'apprentissage et sous-traitance accompagnée de formation. Une étude d'Eugène Czerwieniec (2007) consacrée à la Pologne, décrit bien l'impact des investissements étrangers de ce point de vue. Enfin, si les puissances du Top 10 se font une lourde concurrence entre elles pour s'accaparer les progrès sur la frontière technologique, cela n'a pas de répercussion négative sur le rattrapage technologique des plus pauvres, bien au contraire.

Un autre indice indirect du caractère positif de la relation entre dLogA et D°Pau se propose par le biais des travaux sur la convergence conditionnelle. Dans les modèles néoclassiques, le traitement trop sommaire de la progression des techniques, cotée « a » **pour tous**, fait qu'en général il n'y a pas de variable spécifique par pays la représentant dans le « potentiel » (les variables de contrôle) des équations de convergence conditionnelle « à la Barro ». **On peut donc penser que ce résidu de convergence presque toujours observé en pratique est dû essentiellement à la diffusion du progrès technique.** Nous supposerons donc que dLogA est une fonction positive du degré de pauvreté D°Pau. Nous y reviendrons bientôt.

Avant de poursuivre ce survol, observons que les trois facteurs L, H1P et la population totale Pop, avec leurs taux de croissance dLogL, dLogH1 et « n », sont liés entre eux en pratique et se retrouvent impliqués conjointement dans des phénomènes liés à la mondialisation comme surtout les mouvements migratoires. Revenons alors à l'analyse détaillée.

Le rôle du facteur travail L et la convergence

Le taux de croissance du facteur travail est en relation positive avec le degré de pauvreté D°Pau. Le vieillissement de la population des pays développés, les politiques de réduction du temps de travail et l'allongement de la durée des études sont des phénomènes qui ne sont compensés qu'en partie par les immigrations de travailleurs et par l'augmentation du taux d'activité des femmes, phénomène en voie d'extinction dans la plupart des pays développés. Les pays pauvres, armés d'une progression démographique plus forte, ont généralement une capacité à mobiliser une force de travail de plus en plus nombreuse que ne réduit pas complètement l'émigration. Même s'il y a des exceptions de pays pauvres à faible dynamisme de la quantité de travail[49], ce phénomène s'observe pourtant en moyenne. On admet donc que le facteur travail L croît plus vite dans les pays pauvres.

Le rôle de la croissance du capital humain H1P

J'ai déjà insisté sur le fait qu'il est difficile de mesurer le capital humain H1P et son évolution. Pour la question d'une différence entre pays riches et pays pauvres, il n'y a pas de généralité qui puisse être utilisée ; sans doute, les étudiants viennent dans les pays riches se former et sans doute aussi une partie du capital humain accumulé dans les pays pauvres s'évade de ces pays par l'émigration. On pourrait avancer encore que les investissements en capital humain sont soumis à la règle des rendements décroissants, ce qui est probablement vrai, mais dans bien des pays pauvres, la qualité de la formation laisse

[49] Des pays de l'ex URSS, du Caucase par exemple.

beaucoup à désirer et l'investissement effectif est faible. Par conséquent, on fera intuitivement une hypothèse d'absence de relation significative entre la **progression** du capital humain dLogH1 et le degré de pauvreté D°Pau même si, bien entendu, la corrélation entre la culture **moyenne** H1P/N et D°Pau est clairement négative.

La population N

Les taux de croissance de la population sont différents entre les pays et dans l'ensemble il est assez largement admis que les valeurs sont plus élevées pour les pays les plus pauvres. Ces derniers n'ont pas encore assuré de transition démographique comme dans le cas de l'Afrique Sub-Saharienne et certains mêmes ne s'y dirigent pas du tout, ladite transition n'ayant rien d'automatique. Le phénomène migratoire compense en partie les mouvements naturels tant dans les pays riches que dans les pays pauvres mais ne les efface pas entièrement.

Cette croissance de la population plus forte avec le degré de pauvreté joue donc négativement sur le taux de croissance du revenu par tête.

Bilan pour la croissance

Revenons à l'équation de comptabilité comparative de croissance :

(3'')

$$[dLog\ (Y/N)_i - dLog(Y/N)_j] = dLogO_i - dLogO_j + \alpha_K [dLogK_i - dLogK_j] + \alpha_A [dLogA_i - dLogA_j] + \alpha_L [dLogL_i - dLogL_j] + \alpha_{H1} [dLogH1P_i - dLogH1P_j] - [n_i - n_j]$$

Les pays les plus pauvres croissent économiquement plus vite en moyenne, pour leur produit par tête du fait des différences concernant dLogA et de dLogL, fonctions positives du degré de pauvreté D°Pau. Mais ils croissent moins vite en raison de la plus forte progression de « $\mathbf{n_i}$ ». Le fait que les études de convergence **absolue** n'aboutissent ni à la convergence ni à la divergence s'explique donc sans doute par une compensation de ces deux tendances de sens contraire.

Il faudrait aller plus loin en « remontant » le long des diverses fonctions d'investissement et en voyant pourquoi des pays pauvres ou riches investissent plus ou moins dans K, A, L, H1P, O ou pourquoi leur population N évolue comme elle le fait. On retombe alors sur les fonctions proposées par MIE. Je me contente d'en donner l'exemple suivant :

Puissance et divergence

Une raison « amont » s'oppose à la convergence ; il s'agit de la dynamique « croissance-puissance ». La puissance H5PU est généralement plus forte pour les pays à niveau de revenu élevé. En effet, les moyens de la puissance s'obtiennent principalement par la force économique des pays. Les pays riches ont donc des atouts supplémentaires pour contrôler les phénomènes de mondialisation et les utiliser au mieux de leurs intérêts. C'est l'une des causes de la Révolution Industrielle en Grande Bretagne et en Europe au XVIIIème siècle et c'est encore une source d'inégalité croissante qui s'intègre au calcul informel ci-dessus.

Convergence conditionnelle, quel intérêt ?

Reste la question que pose la notion de convergence conditionnelle. Sur le plan théorique, il semble qu'elle ne tienne pas la route : une fois le « potentiel » et toutes ses variables définissant les chances nationales de croissance, y compris le taux d'investissement et le taux de croissance n de la population, écartés du raisonnement, on est convié à escompter encore une tendance systématique à ce que les pays pauvres rattrapent les pays riches. Mais **pourquoi ?** Et quel atout relatif caché les pays pauvres garderaient-ils ainsi dans leur manche ?

La réponse est simple : c'est très probablement le transfert de technologie qui « booste » la croissance du facteur A dans ces pays en retard. Dans les modèles néoclassiques à progrès technique exogène, cette hypothèse de croissance plus vive de A n'est pas retenue au départ dans le « potentiel » car elle ne se prête pas à une évaluation *a priori* des taux « a_i », ceux-ci étant inconnus en fait et supposés identiques par impossibilité pratique de les mesurer pour chaque pays ; à l'inverse, les taux de croissance de la population « n_i », faciles à calculer, sont inclus dans le potentiel. Ainsi dans toutes les équations de convergence conditionnelle, le principal désavantage statistique des pays pauvres, la croissance de la population, est placé en « variable de contrôle » tandis que leur principal avantage n'est pas mentionné. Il en résulte une convergence « conditionnelle » ou pourrait-on dire « résiduelle », dont l'intérêt est quelque peu douteux, surtout si l'on en recherche pas la vraie raison. Le modèle MIE se tient donc prudemment à l'écart de cette notion.

Le « potentiel » selon MIE : un « héritage »

Les travaux de Barro nous ont remis sur la route de la notion de « potentiel », l'un des fleurons de l'analyse néoclassique traditionnelle. Pour MIE, la question se présente de cette façon : quand un pays investit dans les cinq facteurs (O, K, H1P, A, L) et dans tous ceux qui déterminent indirectement la croissance, il le fait continuement et la temporalité différente de ses efforts d'investissement et de leurs résultats conduit à ce que certaines des progressions de facteurs restent longtemps garanties sur leur lancée tandis que d'autres varient plus rapidement.

Ainsi, les taux de croissance des facteurs aux cycles d'accumulation les plus longs et les plus inertes ne peuvent guère être modifiés, ni en bien ni en mal, par des actions immédiates. C'est le cas de la plupart des investissements en capital humain, puissance, offre de travail, organisation et des évolutions de mentalité. A l'inverse, les investissements en capital physique et certaines autres formes d'organisation ainsi que les facteurs de confiance qui accompagnent des réformes, bonnes ou mauvaises, sont susceptibles d'apporter des changements plus rapides des quantités de facteurs opérationnels (notamment pour K, O et L). Ce raisonnement vaut pour le meilleur et pour le pire.

Ainsi, annoncer qu'un pays a un « potentiel élevé » c'est considérer qu'une grande partie des progressions des facteurs à basse fréquence sont garanties à un haut niveau pendant une longue période de temps. Comme de grands bateaux, les économies nationales suivent des trajectoires influencées par beaucoup de décisions passées : la France vit sur un acquis ancien de puissance H5PU, les pays de l'Est européen vivent sur un héritage d'accumulation de capital humain et sur un patriotisme durablement renforcé par la domination soviétique ; l'Irlande vit sur celui d'une mondialisation particulière devenue bénéfique…Tous ces éléments expliquent des rythmes « garantis » de progression élevée de quelques facteurs. A l'inverse, les pays pauvres ou en régression ont souvent des handicaps dont l'origine est lointaine et qui font qu'une progression faible ou même une perte sèche de facteurs cruciaux est quasiment inéluctable pour un avenir prochain. Un pays qui a négligé ou n'a pas pu réaliser de formation scolaire ou technique depuis des décennies[50] est condamné à une

[50] Ce sont parfois les conséquences d'états d'insécurité ou de conflits armés, un peu comme les effets déformants durables d'une guerre sur la pyramide des âges.

absence de progression de son capital humain durant les années futures et il en est de même pour la technologie.

Au total, le « potentiel » est en réalité un « héritage du passé », une forme de vitesse acquise, c'est-à-dire exactement l'inverse de ce que suggère la théorie néoclassique traditionnelle, qui le présente comme un avenir déjà fixé, radieux ou crépusculaire selon les cas. Dès lors, pour MIE, il n'y a pas de question à se poser pour savoir comment un écart a pu se creuser entre la situation réelle et un quelconque potentiel mystérieux. Enfin, les résultats économétriques souvent convaincants obtenus par l'analyse néoclassique moderne par le truchement de la notion de potentiel n'ont finalement rien d'impressionnant. En effet, tous les éléments Z_j qui se combinent pour définir ce potentiel sont aussi partie prenante aux fonctions d'investissement retenues par MIE **en tant que caractéristiques acquises par les efforts du passé.**

L'analyse des handicaps déjà établis et visibles d'un pays, c'est-à-dire des éléments négatifs de son « potentiel » sera le préalable aux décisions de politique de croissance à long terme.

Section 3 MIE et les conditions politiques de croissance

La problématique politique et MIE

La théorie de la croissance est l'axe privilégié de l'action politique dans le domaine économique. Il n'est rien de plus « politique » que le choix des chemins vers une nation plus prospère et plus forte. De fait, il est évident que les performances de croissance sont très différentes d'un pays à l'autre, y compris dans des aires géographiques ou culturelles voisines[51], ce qui fait supposer une bonne dose de responsabilité nationale. D'ailleurs, la théorie néoclassique moderne l'admet volontiers et admet ainsi l'existence d'états stables de croissance qui diffèrent d'un pays à l'autre. On en déduit que la croissance économique est un phénomène largement national et l'ouverture internationale et la mondialisation l'influencent[52] significativement mais singulièrement.

Par contraste, en court terme, des spécialistes de convictions différentes peuvent assez facilement s'accorder pour traquer les signes d'émergence d'une récession ou d'une crise et proposer d'abord soit à la banque centrale, soit au gouvernement les mesures de prévention adéquates et recommander ensuite les mêmes actions curatives. C'est globalement affaire de juste compréhension et de technique. Les fluctuations revêtent un caractère international de plus en plus marqué, les gouvernements nationaux n'ayant pas toutes les clefs de la stabilité conjoncturelle et de la prévention des crises[53]mêmes s'ils en conservent quelques-unes.

Ainsi, les Etats nationaux ont davantage la main sur le long terme que sur le court terme. Résumons-en la problématique : Quel est le rôle de l'Etat et quelles sont ses responsabilités dans

---

[51] Les disparités de croissance entre pays voisins s'observent par exemple en Europe et en Zone Euro. Dans ces pays, la « responsabilité » politique propre est impliquée mais encore les conséquences inégales des choix d'organisation communautaire et d'arrangements monétaires.

[52] Mais différemment selon les choix politiques nationaux et la puissance de long terme.

[53] L'épisode de 2020 avec l'épidémie de Covid 19 montre bien que les pays se sont comportés en « moutons de Panurge » mais montre aussi qu'il aurait été bien difficile à un pays particulier de taille moyenne ou faible d'éviter une crise économique par une attitude de bravoure isolée. En effet, la simple réduction des échanges entre des pays habituellement très ouverts propage la récession. L'intensité de la crise a sans doute pu être modulée dans certains pays un peu moins « paniqués » (Suède par exemple). Il est cependant trop tôt pour en juger…

le processus ? Que faut-il pour connaître une forte croissance et pourquoi certaines économies sont-elles stagnantes ? MIE offre des réponses qu'il convient d'expliciter et d'approfondir.

La règle d'or, guide du rôle de l'Etat

La règle d'or correspond à l'optimum intertemporel, c'est-à-dire concrètement au maximum de consommation d'une économie donnée sur la longue période. En discuter sur ces bases revient donc à confronter les intérêts des diverses générations d'une population. En effet, dans la plupart des modèles de croissance et spécialement dans MIE, la consommation des générations futures dépendra des investissements effectués au préalable par les générations passées, se privant ainsi d'une certaine quantité de consommation et des satisfactions d'utilité correspondantes. La Cigale de la fable de La Fontaine est directement punie de son imprévoyance mais que dire alors de ses enfants ? La Fourmi est sans doute bourrée de défauts (c'est une radine au cœur sec) mais ses enfants lui disent merci.

Encadré 3-2 La règle d'or dans le modèle néoclassique

L'expression « règle d'or » a été proposée par Edmund Phelps en 1961. Benigno Valdès (1999) signale qu'elle fut exprimée autrefois dans l'Évangile (Luc, Chapitre VI) dans le verset 31: « Faites aux autres ce que vous auriez voulu qu'on vous fit ... ». Si les anciennes générations d'avant avaient épargné au taux de « règle d'or » s_{ro}, on bénéficierait maintenant du niveau optimal de consommation. Agissons donc de la même façon afin de laisser à « nos enfants » le capital productif optimal. Cette règle d'or implique probablement un sacrifice de consommation plus élevé que celui effectivement consenti par les générations actives, car ces dernières n'anticipent pas forcément de cueillir elles-mêmes les fruits de leur investissement supplémentaire. En outre, un effort excessif, tel que le surplus de revenu par tête futur serait inférieur au sacrifice consenti, serait absurde.

La théorie néoclassique, attachée à la notion de croissance équilibrée, raisonne justement en fonction de cette notion et se pose pour objectif de maximiser la consommation à l'état stable par un capital par tête correspondant au taux d'épargne (ou d'investissement) de règle d'or. Techniquement on recherche le taux d'investissement s_{ro} qui produit le niveau de capital d'état stable maximisant la consommation par unité de travail. Pour le modèle néoclassique, à progrès technique exogène et régulier et à taux de croissance constant de la force de travail, cette optimisation est à faire une fois seulement et le taux obtenu s_{ro} est décidé une fois pour toutes. La règle d'or s'exprime alors par l'égalité suivante :

$$\boldsymbol{\rho - \delta = n + a = dY/Y.dt}$$

où $\boldsymbol{\rho}$ est le taux de profit du capital physique, égal à sa productivité marginale PmK, $\boldsymbol{\delta}$ est le taux de remplacement annuel du capital, **n** est le taux de croissance constant de la force de travail et **a** le taux régulier de progrès technique exogène. Enfin **dY/Y.dt** est tout simplement le taux de croissance du PIB égal à a + n en état stable.

Si le premier membre de l'expression excède le taux de croissance de Y et (n + a), l'économie est dite en situation « dynamiquement efficiente », le capital étant assez productif pour qu'il puisse être accru en vue d'un PIB et d'une consommation future plus élevés. C'est aussi le signe que les générations actuelles n'en font sans doute pas assez pour le futur ($s < s_{ro}$). La situation inverse d'une suraccumulation inefficace du capital se vérifie lorsque s dépasse s_{ro} mais l'étude des expériences concrètes n'en donne pas beaucoup d'exemples (peut-être l'URSS de Staline ou le Japon dans les années 1970

Benigno Valdes a tenté de situer la position des Etats-Unis des années 1950-1985 vis-à-vis de la « règle d'or ». Un taux observé de croissance de Y de 3,2 %, un coefficient de capital v = K/Y = 2,5, une dépréciation du capital $\delta = 0.1.Y = 0.04$ K et une part de revenu du capital dans le PIB égale à 0,30 sont les bases de calcul. Valdès calcule la PmK en profitant du fait que selon la fonction de production, l'exposant du capital, évalué à l'époque à 0,30, représente sa part de rémunération soit : α_k = K. PmK /Y = K/Y. PmK = 0,30.

α_k = K /Y. PmK = 2,5. PmK = 0,30 et donc : PmK = 0,30 / 2,5 = 0,12 = **12 %**

Ainsi le taux de profit brut du capital s'évalue aux alentours de 12 %. Si l'on enlève la dépréciation du capital, on retombe à un taux de **profit net** de **8 %.** Si enfin on confronte ce chiffre aux **3.2 %** de croissance de Y on voit que l'économie américaine de cette époque était très largement en dessous de la situation de règle d'or et par conséquent se trouvait en situation dynamiquement efficiente. Un taux d'investissement plus élevé a donc toutes les chances d'être profitable aux générations futures. Ce constat vaut pareillement pour tous les pays et continue à valoir pour notre époque.

Dès lors, on s'est demandé pourquoi les générations actuelles restaient en deçà de la règle d'or, manifestant ainsi un certain égoïsme. On a traduit cette question en proposant une « règle d'or modifiée » : $\boldsymbol{\rho - \delta = n + a + \lambda}$

où **λ,** largement positif, représente la préférence pour le présent des générations actuelles, postulée de façon à ce que l'équation se vérifie[54]. S'y ajoute le fait que le déplacement de l'état stable jusqu'à la situation de règle d'or prend du temps, parfois plusieurs décennies, surtout si l'on part de bas. Les générations actuelles ont donc peu à espérer de leur effort pour elles-mêmes. De plus, elles savent que si leurs successeurs doivent maintenir eux aussi l'effort d'investissement pour rester à l'optimum, ils gardent la faculté de choisir ultérieurement un taux plus bas selon le principe d'incohérence dynamique. Notons pour terminer que la « préférence pour le présent » observée en pratique peut refléter le fait que, dans ce modèle à progrès technique exogène, automatique et gratuit, les générations

[54] C'est à dire une simple tautologie non explicative, une façon de nommer ce qu'on ne comprend pas.

futures sont censées bénéficier ainsi « sans effort » d'un accroissement régulier **a** de leur consommation tout au long de l'interminable « état stable ». Par conséquent les générations actuelles peuvent estimer que c'est bien assez comme ça[55].

MIE et la règle d'or

L'implication politique du raisonnement de règle d'or dans le modèle MIE est évidente. Dans la mesure où les investissements multiples envisagés par le modèle sont presque toujours en deçà de leur seuil de saturation, il convient de chercher activement à les développer et ce, quel que soit le stade, amont ou aval, où ils se situent dans la chaîne chronologique. Ceci implique l'action publique de mille manières, à savoir toutes celles qui font de l'État un frein aux investissements souhaités et toutes celles où il peut jouer un rôle plus actif en leur faveur. Dans la mesure où il est acquis qu'une croissance économique plus élevée a un impact favorable sur le bien-être, les pouvoirs publics ont un devoir de ne pas lui nuire en pénalisant la transmission et au contraire de la favoriser par la multitude de ses moyens. Et si les fruits de cette attitude se font attendre dans le temps, l'État doit pouvoir justifier son rôle par la prise en compte des générations futures et s'en faire leur champion.

Le retour de l'épargne élargie, un concept économiquement clair mais statistiquement flou

Mais si les positions théoriques et doctrinales sont faciles à comprendre, la mise en œuvre d'une recherche de règle d'or

[55] Après mai 1968, les générations actives se sont montrées plus chiches en matière de transmission, pour partie sûrement par affaissement moral mais aussi parce qu'à cette époque le mythe du progrès indéfini n'était pas encore sérieusement entamé, ce qui poussait à l'égoïsme..

doit pourtant se faire sans indication statistique fiable. Déjà, l'introduction du capital humain dans les fonctions de production néoclassiques et l'intégration naturelle des moyens consacrés à le promouvoir ont écarté les statistiques sommaires de la formation brute du capital fixe (FBCF) au profit d'investissements de natures diverses. C'est ainsi que le modèle de Mankiw, Romer et Weill (1992) prévoit que le taux d'investissement en capital humain, noté s_h s'additionne à celui du capital physique[56].

Le calcul est encore compliqué par la diversité des catégories retenues dans MIE (K, A, L, H1P) elles-mêmes démultipliées en catégories secondaires, les « cultures » diverses de H2ER à H8SU et tous les investissements publics utiles, y compris certaines dépenses de santé. Cette diversité est telle qu'un principe général de non-consommation[57], c'est-à-dire d'« épargne généralisée », rend plus clairement compte de l'effort consenti par les générations actuelles, le calcul de cet effort n'en étant pas rendu plus facile pour autant[58]. Néanmoins, les politiques de croissance peuvent tirer parti du concept élargi d'épargne, comme nous le verrons un peu plus loin.

La lecture du modèle MIE révèle, à partir des diverses fonctions d'investissement (les cinq les plus importantes mais aussi celles qui figurent implicitement en amont pour les diverses formes du

---

[56] Aux USA, le taux d'investissement s_h est généralement estimé autour de 13%, moitié en coûts directs et moitié en coûts indirects de constitution du capital humain.

[57] Et encore cela se discute car la consommation des familles étant largement liée à l'éducation des enfants et à leur santé, elle correspond donc à un investissement et entre dans la nouvelle épargne élargie.

[58] On a déjà expérimenté cette difficulté d'évaluation lorsqu'il s'est agi de mesurer en quoi certaines dépenses publiques pouvaient sembler « d'avenir » ou non. À la fin de beaucoup d'études entreprises sur ce thème, on finissait par avoir l'impression que toutes les catégories budgétaires pouvaient s'y retrouver, au moins en partie.

capital humain, la puissance et bien d'autres) que les pouvoirs publics interviennent favorablement ou défavorablement d'un nombre élevé de façons dans les processus d'investissement conduisant à la croissance.

La croissance économique pourrait se comparer à un fleuve dont on mesure le débit à l'estuaire. Si le débit est fort ou faible à cet endroit (c'est-à-dire à ce moment) c'est parce qu'il comporte des contraintes qui, tout au long du parcours, de la source à l'embouchure, le déterminent et le régulent. Selon MIE, il en est ainsi pour la croissance dont la dépendance pyramidale rassemble des influences parfois fort éloignées dans le temps : mentalités, cultures, puissance...d'autres plus proches : infrastructures, lois et administration... Enfin quelques-unes sont susceptibles d'être canalisées à très court terme, par exemple par la fiscalité sur les investissements et les profits. À un moment donné du temps, le débit de la croissance mais aussi les prévisions de débit dans les années qui suivent dépendent lourdement de l'héritage du passé, ce que MIE retient comme définition du « potentiel ».

Dans ce contexte, la stratégie pro-croissance doit être conçue et déclinée comme des ensembles de mesures qui auront une portée immédiate, prochaine ou lointaine. Une évolution des mentalités ne produira ses effets que dans un lointain futur[59] et les efforts visant à relever la puissance nationale pour affronter les mondialisations ne seront eux-mêmes récompensés qu'à un horizon difficile à déterminer. L'exemple français de l'arrivée

---

[59] L'évolution des mentalités se fait en général lentement parce qu'elle se produit en grande partie en lien avec l'éducation scolaire et familiale et à travers la montée des nouvelles générations. Mais elle est parfois plus rapidement affectée par le développement de nouvelles technologies et leur diffusion. Il est fascinant de voir l'impact des nouvelles technologies sur les attitudes (réseaux sociaux, selfles ...) ; la rupture avec les anciens comportements est parfois très rapide y compris chez les adultes « confirmés ».

au pouvoir du Général De Gaulle en 1958 montre pourtant qu'une stratégie de renouveau peut se mettre en place sans expression doctrinale monochrome et produire assez vite des résultats durables[60]. La combinaison de mesures libérales à court terme, de l'intégration commerciale européenne et d'affirmation de force et fierté nationales avait donné les excellents résultats de croissance que l'on connaît et remis le pays sur de bons rails pour une période d'une quinzaine d'années.

La stratégie de croissance ne peut donc être conduite sur le seul plan du libéralisme économique, aussi important soit-il pour les actions de court terme. Les prises en compte des mentalités, des dix « cultures » de capital humain, dont la puissance nationale au service de l'ouverture et de l'organisation O, sont également nécessaires. Les divers pays aux diverses époques le font en fonction des réalités et des évolutions prévisibles mais assez souvent dans la tradition nationale. Du côté des succès, la stratégie de croissance d'une société communiste comme la Chine, restée fondamentalement impériale et fidèle au confucianisme, se différencie de celle d'un pays de tradition libérale et chrétienne attachée aux Droits de l'Homme comme les Etats-Unis. Il est évident encore qu'une société néo-païenne « verte » décidée à ne plus admettre d'empreinte humaine sur la « planète », n'a que faire de la croissance. **La société hédoniste et matérialiste n'en est pas pour autant le cadre socio-politique rêvé pour la promouvoir : une « société de**

[60] Peut-être que ce succès ne fait-il que marquer l'adhésion au programme d'une population française aux aspirations plutôt homogènes et rendue optimiste par la Libération et le « baby-boom ». Le potentiel ou selon MIE, l'héritage de croissance future était probablement déjà présent en 1958, pour en assurer la réussite.

consommation[61] » n'est pas forcément une « société de croissance ». Ainsi, la leçon politique principale du modèle MIE est qu'on ne peut séparer les évolutions sociétales et économiques.

Que faire pour croître à moyen terme ? Les bons et les mauvais choix

À partir du modèle, on trouve immédiatement la réponse : pour croître, il convient de placer au plus haut le rythme d'accumulation des facteurs de base (K, A, H1P, L) et d'optimiser leur combinaison par une meilleure organisation (O). Ce que le modèle MIE ne dit pas explicitement c'est ce qu'il faut sacrifier ou réduire pour réaliser ce beau programme. Un modèle vraiment complet insisterait sur les conditions de l'optimalité dynamique, par exemple en essayant de proposer une allocation du temps et des moyens financiers qui maximisent le bien-être au cours des périodes présentes et futures. C'est ce qui ressort du débat précédent sur la « règle d'or ». Prétendre emprunter cette voie en pleine maîtrise chiffrée des enjeux serait manifestement présomptueux. Néanmoins, ne peut-on concevoir simplement de repérer au mieux les alternatives néfastes aux investissements en facteurs productifs ? Et une fois ces « alternatives-obstacles » connues et identifiées, d'essayer de les réduire pour promouvoir la croissance ? Elles peuvent être décrites correctement à partir de deux concepts : la spéculation et la consommation.

Premièrement : la spéculation, un élément qui s'est déjà glissé dans le débat par le biais du choix entre l'investissement productif et la détention d'actifs non productifs, choix qui concerne tout autant les agents susceptibles d'investir que le

---

61 Nous verrons un peu plus loin qu'une consommation prématurée est souvent « le marqueur » d'un socialisme de redistribution qui freine la croissance. C'est la même question que celle posée par la règle d'or.

système financier. S'orienter vers la spéculation implique une attente de richesse, immobilière ou mobilière, sans ajout à la capacité de produire des biens et services supplémentaires ; elle détourne donc des moyens au détriment de la perspective de croissance.

Deuxièmement : la consommation, l'usage du temps et des revenus aux fins d'obtenir des satisfactions immédiates éloignées de la règle d'or. Tout ce qui accroît la propension à consommer joue contre l'investissement et contre la croissance à long terme. A un moment déterminé**, une consommation prématurée** est un frein à la croissance car elle la prive de son élan. Entre générations, la solidarité s'affaiblit et ceci se marque par un ralentissement des divers investissements.

Épargne, investissement, consommation prématurée

L'analyse économique traditionnelle propose une relation particulièrement éclairante sur la question.

On se souvient de l'équation d'équilibre sur le marché des biens en économie ouverte :

(1) $\mathbf{C + I + EX + G = Y + IMP}$

où « C » est la consommation globale, « I » l'investissement global privé, « EX », les exportations et « G », les dépenses publiques, la somme de ces éléments constituant la demande globale de biens et services pour une durée de temps déterminée ; « Y » est l'offre de biens produits par le pays et « IMP » les importations qui complètent ainsi l'offre globale de biens et services. « Y » représente encore le revenu national qui donne lieu à allocation :

(2) $\mathbf{Y = C + S + T}$ où « S » est l'épargne et « T » représente la part des revenus versés à l'Etat, les trop fameux impôts.

On peut donc réarranger en mettant :

(3) $\mathbf{C + I + EX + G = C + S + T + IMP}$

ou :

(4) $\mathbf{(I - S) + (G - T) = (IMP - EX)}$

On reconnaît en (G-T) le déficit public du budget de l'Etat et en (IMP –EX) le déficit extérieur en biens et services, soit l'inverse du compte courant « CC »

Cette équation (4) permet de comprendre la notion de « déficits jumeaux » qui révèle **qu'un déficit public supplémentaire conduit à un déficit extérieur accru**. Ce phénomène ne se produit que si l'excès d'investissement privé sur la non-consommation (épargne privée) ne baisse pas assez pour compenser.

On peut encore écrire que l'épargne nationale S_N se compose de l'épargne privée S et de l'excédent budgétaire public, que l'on appelle épargne publique (T – G), grandeur très souvent négative en réalité.

(5) $\mathbf{S_N = S + (T - G)}$

L'investissement national I_N est ici restreint à l'investissement privé en capital physique I,

(6) $\mathbf{I_N = I}$

En combinant ces éléments et en les reportant dans l'équation 4, on arrive à :

(7) $I_N = S_N - CC$

La comptabilité des balances de paiement nous indique que le compte courant (en gros, l'excédent commercial) est compensé par une sortie nette de capitaux (des prêts vers l'extérieur) tandis qu'un déficit du compte courant est compensé par une entrée nette de capitaux extérieurs. Ainsi :

(8) $I_N = S_N$ **+ entrées nettes de capitaux**

Ce court modèle très instructif, appelé modèle « néoclassique » dans la littérature, **montre que l'investissement national en capital physique est lié à l'épargne nationale et varie dans le même sens**. Mais ce résultat n'est atteint que si les mouvements de capitaux ne compensent pas les divergences entre I_N et S_N. Ainsi, dans un monde de circulation intense des capitaux ou plus exactement de financement systématique par le crédit, il est possible à un pays d'accroître la quantité de capital national, du moins tant que sa dette extérieure n'est pas trop élevée et ne provoque pas de méfiance de la part des prêteurs internationaux. Cette dette extérieure est celle de tous les agents, y compris celle des pouvoirs publics et la méfiance peut évidemment entrer par-là !

La dissociation entre l'investissement national et l'épargne nationale est donc possible et se caractérise par les mouvements de capitaux sous la réserve de confiance. Mais évidemment[62], il faudra rembourser les emprunts et le recours à l'endettement pour financer une demande globale trop forte est progressivement freiné par cette apparente nécessité. Ainsi, à long terme, on devrait retrouver l'idée qu'un investissement national élevé dépend surtout de l'épargne nationale.

---

[62] Peut-être pas si évident que ça, à notre époque d'« annulation de dettes », de monétisation par les banques centrales et de banqueroutes partielles ou totales des Etats.

On a même eu la surprise de s'apercevoir [Feldstein et Horioka (1980)] qu'en dépit d'une forte mondialisation, les investissements nationaux avaient tendance à dépendre de l'épargne nationale, même à court terme. On retient cette leçon sous le nom de « Paradoxe de Feldstein & Horioka ». Ce phénomène s'est néanmoins affaibli durant ces dernières décennies comme en témoignent la dissociation avérée et l'endettement correspondant de beaucoup de pays de la Zone Euro. Les endettements conduisent souvent à des scénarios catastrophe que nous évoquerons au chapitre 4.

Des épargnes nationales insuffisantes

Ces scénarios ne se produiraient pas ou du moins se produiraient avec une moindre intensité et de moindres risques si, parallèlement à la montée des investissements et des spéculations, les épargnes publiques et privées (épargne nationale) se maintenaient ou progressaient. Si S, (T- G) et leur somme S_N progressent les investissements nationaux et la croissance économique peuvent être financés de façon différente, plus solide et plus sûre, avec une dépendance moins grande vis-à-vis de l'extérieur et un plus fort pourcentage d'autofinancement. Or dans certains pays et singulièrement avant la crise de 2008, il s'est produit de fortes tensions de consommation et donc inversement une baisse de l'épargne nationale. Quelles en sont les raisons ?

En premier lieu, si les taux d'intérêt réels sont bas du fait de la politique monétaire trop laxiste et des entrées de capitaux, l'incitation à l'épargne privée diminue tandis qu'augmentent les demandes de crédit à la consommation. En deuxième lieu, les valeurs d'actifs, notamment immobiliers, sont élevées et les anticipations de hausse ultérieure le sont également. Beaucoup de périodes de fragilisation financière sont marquées par des bulles immobilières qui donnent un sentiment de richesse, propice à un taux élevé de consommation. En troisième lieu enfin, les États sont toujours tentés de développer leurs interventions sociales et de vivre sur un grand pied. Leur dette s'accroît à la mesure de nouveaux déficits dans un mouvement qu'il est légitime de nommer « socialisme ». Cette dette est « protégée » par des anticipations trop optimistes. Ainsi, le Portugal a vu grimper sa dette publique de 50 % du PIB à 90 % du PIB entre 2000 et 2010, la part des transferts sociaux passant de 11,4 % durant la période 1994-2002 à 14,7 % au cours de la période sensible de notre étude, pour 2003-2007. Et que dire de la Grèce abonnée aux augmentations de + 4% par an pour les consommations privées et publiques entre 2000 et 2007 ? Tous ces éléments se traduisent par une baisse importante de l'épargne nationale brute et par un écart parfois violent avec l'investissement national, écart qui correspond très exactement au déficit extérieur. On observe donc un endettement externe important et la montée du crédit et des risques corrélatifs.

La consommation prématurée accapare aussi des moyens financiers. Un pays qui n'épargne pas assez conserve sans doute des moyens financiers d'investir mais au prix d'un endettement croissant qui fragilise et qui finit par devoir être remboursé. C'est ce qui se passe dans les pays où l'euphorie créée par des possibilités d'endettement facile a amené la forte hausse de la consommation et réduit l'épargne de façon drastique. La Grèce, l'Espagne et le Portugal des années 2000 ont été dans ce cas, en développant la consommation privée et publique au détriment de l'épargne tout en favorisant la corruption. Cette situation peut arriver de diverses façons, par l'endettement privé excessif, par l'endettement public trop élevé et enfin par la répression financière des épargnants, liée à une politique monétaire de taux d'intérêt excessivement bas[63].

Les soldes extérieurs, le Compte Courant notamment, reflètent en permanence ces excès de consommation qui affaiblissent les chances de croissance à long terme. Elles s'affaiblissent encore par la montée progressive des risques créés par l'endettement qui font des pays en cause des proies toutes trouvées pour les crises économiques et financières récurrentes. L'épargne nationale ne peut s'écarter durablement de l'investissement national sans engendrer de mauvaises habitudes de consommation excessive et prématurée, de laxisme public et de risques d'endettement. La loi de Feldstein & Horioka est moins une régularité statistique un peu surprenante qu'une norme de bonne efficacité, à faire respecter sur le long terme au profit de la croissance.

Bibliographie du chapitre 3

Barro, Robert (1990) : « Government Spending in a Simple Model of Endogeneous Growth », Journal of Political Economy, 98, octobre.

Barro, Robert (1997) ; Determinants of Economic Growth : A Cross-Country Empirical Study », *Cambridge, Mass*, The MIT Press.

Becker, Gary (1965) : « A Theory of the Allocation of Time », *Economic Journal*, septembre.

[63] Nous reverrons ces points au chapitre suivant.

Blanchard, Olivier (2005) : « A Macroeconomic Survey of Europe », *MIT Economics*, novembre.

Cohen, Daniel et Soto, Marcello (2001) : « Growth and the Human Capital : Good Data, Good Results », *CEPR Working Paper* N°3025, Octobre.

Czerwieniec, Eugeniusz Zenon (2007) : « Les investissements directs étrangers à l'échelle locale : l'exemple de la Pologne » *Congrès de l'AIELF*, Varsovie, Mai.

Feldstein, Martin et Horioka, Charles (1980) : « Domestic Saving and International Capital Flows. » The Economic Journal, Vol. 90, (June 1980)

Jones, Charles I (1995) : « Théorie de la croissance endogène », De Boeck Université.

Lucas, Robert (1988) : « On the Mechanics of Economic Development », *Journal of Monetary Economics,* 22, Juillet.

Lucas, Robert (1990) : « Why doesn't Capital Flow from Rich to Poor Countries » *American Economic Review*, N°80.

Phelps, Edmund (1961) : « The Golden Rule of Accumulation : A Fable for Growthmen » *American Economic Review.* pages 638-643.

Romer, Paul (1986) : « Increasing Returns and the Long-Run Growth » *Journal of Political Economy,* octobre.

Romer, Paul (1990) : « Endogeneous Technical Change », Journal of Political Economy, 98, 5, octobre.

Valdès, Benigno (1999) : « Economic Growth », Edward Elgar.

Chapitre 4

« Océan » : des déséquilibres aux crises économiques et financières

Section 1 La structure du modèle Océan

Dans le premier chapitre, la critique principale adressée à la macroéconomie anglo-saxonne dominante était d'avoir négligé certains progrès conceptuels réalisés dans les années soixante-dix et quatre-vingt du siècle dernier pour pouvoir accéder plus vite au stade de la mesure et de l'exploitation chiffrée des théories mises en place. Que les fluctuations soient légères ou très fortes, cette négligence s'est traduite par une amputation des modèles en faveur d'une approche pure d'« impulsion-propagation », au détriment des raisonnements des modèles endogènes, axés sur l'enchaînement « tension-rupture ».

Encadré 4-1 **Impulsion-propagation**

Les théories dominantes des cycles jusqu'à la Grande Récession se sont construites autour du dyptique « impulsion-propagation » mis progressivement en avant par des auteurs tels que Knut Wicksell, Eugen Slutsky et Ragnar Frisch.

Victor Zarnowitz (1997) le développe ainsi : « *L'économie est supposée dynamiquement stable, de telle façon qu'un simple choc devrait ne produire qu'une oscillation amortie ; mais les* ***impulsions*** *sont suffisamment fréquentes pour maintenir le système en* *mouvement. Le mécanisme de* ***propagation*** *transforme un courant d'impulsions hautement erratiques en des mouvements beaucoup plus réguliers alternant les expansions et les récessions de façon récurrente ».*

Les diverses impulsions sont exogènes et aléatoires, le modèle macroéconomique ne faisant ensuite que décrire le processus de propagation. Ce courant dominant admet cependant que les anticipations jouent un rôle, tant du côté des impulsions que de celui des processus de propagation. On se souvient par exemple du mécanisme keynésien de baisse « inexpliquée » des motivations d'investissement, liée au « tempérament sanguin » des entrepreneurs. Mais dans les modèles néokeynésiens, passée l'occurrence d'un choc de ce type, on n'invoque plus le profit anticipé. La propagation est trop souvent mécanique.

Même si le modèle Océan exposé insiste beaucoup sur les anticipations, il ne rejette pas le scénario « impulsion- propagation » comme l'un des mécanismes à l'œuvre dans les fluctuations effectives. En tout état de cause, la propagation et les enchaînements de crise s'effectuent toujours en imbriquant chocs effectifs et anticipations diverses

----

Alors que la macroéconomie pré-keynésienne reconnaissait le rôle des anticipations de plusieurs catégories d'agents de l'économie, il s'est effectué une sélection implicite en faveur de certaines d'entre elles : anticipations d'inflation et de revenu futur, mais au détriment d'un certain nombre d'autres dont nous allons bientôt reparler. En même temps, le traitement mathématique qu'on leur a fait subir avant leur exploitation analytique, simple moyenne et anticipations rationnelles non biaisées, les a encore plus écartées du droit chemin. Nous verrons dans le chapitre comment ces erreurs ont désarmé les macroéconomistes lors d'évènements contemporains spectaculaires comme la crise de 2008 et celle de la Zone Euro en 2012.

Le modèle Océan, très inspiré des travaux empiriques relatifs à la crise de 2008, a été construit pour corriger la dérive. Dans son domaine particulier, le principe est très proche de celui que MIE[64] ; comme ce dernier, il s'efforce de « ratisser large » en introduisant les variables pertinentes sans vouloir les sélectionner sur la base du critère « mesurable - non mesurable ». Cette fois-ci, on réunit tous les arguments qui peuvent aider à comprendre les mouvements de déséquilibre et de retour à l'équilibre à court et à moyen terme. On reprend ainsi le chemin parcouru par la macroéconomie depuis les années soixante-dix, en faisant entrer en force les anticipations, les agents et les « marchés » négligés par les modèles de la Nouvelle Synthèse Néo Keynésienne (NSNK). Sans aborder ni la description des cycles ni les théories de l'histoire de la pensée ayant contribué à « Océan »[65] le texte se concentre sur l'explication des fluctuations et des crises.

Une affaire d'anticipations

Deux variables d'anticipation étaient récemment reconnues, intégrées et déjà largement utilisées dans les modèles de la nouvelle synthèse :

Les **anticipations d'inflation** formées par divers agents, producteurs, consommateurs, prêteurs, emprunteurs, commandent leurs comportements de demande et de prêts ainsi

[64] Voir chapitre 2 supra.

[65] Ces points sont abordés dans mon ouvrage « Les Fluctuations » écrit en 2017. Le modèle Océan y est construit et analysé à partir d'une grande quantité de faits remarquables et à la lumière des théories traditionnelles ou modernes des fluctuations.

que l'évolution effective des prix et salaires[66]. Elles sont présentes dans les scénarios de fluctuations des cinquante dernières années.

Les anticipations **de produit ou revenu futur** sont à la base des choix entre consommation présente et à venir ; elles dirigent indirectement les placements[67]. Cette réalité est déterminante dans les modèles NSNK et ravive la tradition néoclassique ancienne, celle de Böhm-Bawerk et d'Irving Fisher.

Placer ces deux formes d'anticipations dans le modèle d'équilibre général ne posait pas trop de problèmes pratiques. Presque inexistantes ou très discrètes dans le modèle IS-LM, elles furent massivement incorporées dans les différentes synthèses à partir de la fin des années 1960.

En contraste, les comportements induits par d'autres types d'anticipations n'ont pas été assez exploités dans les modèles de fluctuations, ou le plus souvent pas du tout. Ces « omissions » coupables sont au nombre de cinq :

(1) Les **marchés des actifs** sont très connectés à l'évolution de la conjoncture et les anticipations des agents qui s'y portent sont très volatiles.

(2) Les **profits** nés de la mise en œuvre de la production décidée par les entreprises constituent le moteur de l'offre à

---

[66] C'est ici l'apanage du courant monétariste, d'Irving Fisher à Milton Friedman en passant par Philippe Cagan.

[67] Dans la « nouvelle synthèse » de type NSNK, cet élément néoclassique majeur, qui remonte aux travaux d'Eugen Böhm-Bawerk et Irving Fisher, a été solidement incorporé.

court terme. Les anticipations des offreurs et en particulier des entrepreneurs tiennent compte des coûts et des débouchés[68].

(3) Les **profits espérés à plus long terme** sont le terreau fertile des investissements productifs et les prévisions qui s'y rapportent, fortement marquées par le risque, sont sujettes à devenir trop optimistes ou trop pessimistes[69].

(4) Le système financier a sa propre logique d'offre et de demande de crédits et de placements plus ou moins risqués. Le **risque financier** ou de défaut fait l'objet d'anticipations qui ont assez souvent la fâcheuse tendance à se porter aux extrêmes et à entraîner des comportements allant de l'insouciance au blocage en passant par la frilosité[70].

(5) Le cadre monétaire et sa cohérence de fonctionnement produisent une sensibilité des prévisions des divers acteurs, financiers et non financiers, aux **orientations futures de la politique monétaire** des banques centrales, comme naguère aux disciplines de l'étalon or ou de l'étalon dollar[71].

Les cinq catégories d'anticipations précédentes ont été trop négligées dans les modèles synthétiques jusqu'en 2009 (un peu

---

[68] Le modèle de Victor Zarnowitz (1999) fut le point de départ de ma réflexion sur ce thème. Mais on trouve des développements plus anciens innombrables dans la pensée pré-keynésienne, chez Irving Fisher par exemple.
[69] Les analyses « autrichiennes » des cycles sont orientées dans cette direction. Un auteur keynésien comme Axel Leijonhufvud (2009) insiste lui-aussi beaucoup sur ce mécanisme, en particulier dans le cas du Japon contemporain.
[70] Les analyses sur l'instabilité financière ont été menées par le Français Clément Juglar (1862) et popularisées plus récemment par Hyman Minsky. Côté demande, elles se complètent par la théorie de l'endettement excessif d'Irving Fisher (1933).
[71] On en a une illustration dans la théorie de Knut Wicksell quand elle constate la nécessité pour les banques d'assurer la convertibilité-or de la monnaie émise au cours des processus cumulatifs ; une idée que reprend la politique monétaire contemporaine quand elle se fixe une cible d'inflation ou encore plus récemment par les politiques d'« annonce à l'avance » *(forward guidance)*.

moins la dernière, liée à l'apprentissage de la règle de Taylor) et sont réintroduites explicitement par Océan. Dès lors, Océan se présente comme un modèle de « synthèse détaillée » ce qui sonne un peu comme un oxymore. Les comportements traditionnels des agents s'inscrivent dans un vaste système d'anticipations (sous-modèle des anticipations, sept équations de 5 à 11) fortement entrecroisées, c'est-à-dire s'influençant mutuellement beaucoup et surtout très rapidement en cas de crise. Ils s'expriment à travers quatre équations (sous-modèle de base, de 1 à 4) de détermination du produit, d'équilibre des crédits, de taux d'inflation et de politique monétaire.

Tableau 4-2 Modèle macroéconomique « Océan »

Sous-modèle de base
(1) **(DP)** $Y_t = a . Y_{t-1} + b_1 . f_t (Y_{t+1}) + b_2 . f_t (p_{t+1}) + b_3 . f_t (PF_t) + b_4 . f_t (PF_{t+1}) + b_5 . f_t (ACN)_{t+1} + k . (G-T_0)_t - c . [R_{Lt} - f_t(p_{t+1})] + c'. (CRD) + x_t$
(2) **(FF)** $R_{Lt} = (a - t.b) Y_t + b (G - T_0) + g R_{ct} + d. f_t(RF_t) + e. f_t (Y_{t+1}) - p.\Delta C_{BC} + q.f_t (PF_{t+1}) + j . f_t (PM_{t+1}) + y . f_t (p_{t+1}) + \mu_t$ (2)' $CRD^* = O_{FF}^{-1}(R^*_{Lt}) = D_{FF}^{-1}(R^*_{Lt})$
(3) **(CP)** $p_t = d.(Y_t - Y^*) + w. p_{t-1} + (1-w) E_t (p_{t+1}) + z_t$
(4) **(FR)** $(R_c, \Delta C_{BC}, FG) = g. (Y_{t-1} - Y^*_{t-1}) - h. (R_L - R^T_L) + h'.(CRD-CRD^T) + j. [E_t (p_{t+1}) - p^T] + j'. [e-e^T] + m$
Sous-modèle des anticipations
(5) $f_t(Y_{t+1}) = g^{(5)} [Y_{t-1}, Y_t, p_t, \mathbf{f_t (p_{t+1}), f_t (PF_{t+1}), f_t (ACN_{t+1})}, f_t(G-T_0)_{t+1}, \mathbf{f_t(PM_{t+1})}, \xi^{(5)}_t]$
(6) $f_t(p_{t+1}) = g^{(6)} [R_c, \Delta C_{BC}, \mathbf{f_t(PM_{t+1})}, m, \mathbf{f_t(Y_{t+1})}, p_t, \xi^{(6)}_t]$
(7) $f_t(PF_t) = g^{(7)}[f_t(Y_t), [R_{Lt} - f_{t-1}(p_t)], f_t(C/P_t), [p_t - E(p_t)], \mathbf{f_t(RF_t)}\ \xi^{(7)}_t]$
(8) $f_t(PF_{t+1}) = g^{(8)} [\mathbf{f_t(Y_{t+1})}, f_t(R_{Lt+1}), \mathbf{f_t(p_{t+1})}, f_t(C/P)_{t+1}, \mathbf{f_t(RF_t)}\ \xi^{(8)}_t]$
(9) $f_t(ACN_{t+1}) = g^{(9)} [\mathbf{f_t(PF_{t+1}), f_t(Y_{t+1}), f_t(PM_{t+1})}, R_{Lt}, \mathbf{f_t(p_{t+1})}, D_{Pubt}, (\Delta ACN)_{t-1}, \xi^{(9)}_t]$
(10) $f_t(RF_t) = g^{(10)} [\mathbf{f_t(ACN_{t+1})}, \sum q_{t-i}, \mathbf{f_t(Y_{t+1}), f_t(PF_t), f_t(PF_{t+1})}, R_{ct}, \Delta C_{BC}, \mathbf{f_t(PM_{t+1})}, \xi^{(10)}_t]$
(11) $f_t(PM_{t+1}) = g^{(11)} [R_c, \Delta C_{BC}, FG, \mathbf{f_t(Y_{t+1}), f_t(p_{t+1})}, R_L, \xi^{(11)}_t]$

Avec :

Y : le produit intérieur brut , **p** : le taux d'inflation.

PF : les profits, **PF_t** : les profits à court terme (processus de production) ; **PF_{t+1}** : profits futurs.

f(x) pour tout x : la densité de probabilité (anticipations en présentation trinaire « moyenne, écart-type, extrêmes » ou graphique).

ACN : les « Actifs Nets » détenus par les agents (actions, obligations, immobilier…).

G-T_0 : les dépenses publiques G moins les impôts de plein emploi T_0.

R, le taux d'intérêt : **R_L** : le taux long représentatif ; **R_c** : le taux court représentatif ; $R^T{}_L$ correspond à une éventuel taux objectif pour la banque centrale

CRD* : la masse des crédits (ou de l'endettement) à l'équilibre des fonds prêtables. CRD^T exprime une quantité de crédit raisonnable en lien avec l'évolution économique « normale »

O_{FP} pour l'offre, D_{FP} pour la demande de fonds prêtables.

RF : le risque financier des prêteurs (ou d'insolvabilité ou de défaut perçu).

ΔC_{BC} : les apports de fonds « banque centrale » sur les marchés financiers (au sens large).

« **e** » est le taux de change réel et e^T, l'objectif visé par la banque centrale.

PM_{t+1} : la politique monétaire future (une $f_t(PM_{t+1})$ élevée représente une politique future attendue **expansive**).

Y* : produit de référence pour l'écart de production.

(CRD-CRD^T) : l'écart de crédit (credit gap).

$E_t(P_{t+1})$: le taux moyen anticipé d'inflation future.

FG : la « Forward Guidance » ou : « engagements annoncés » pour la politique monétaire future.

Dpub : la dette publique.

Une justification complète du système ayant été proposée dans un ouvrage récent[72] j'en ferai une lecture et un commentaire sur les diverses équations présentées. Pour jouer pleinement son rôle, la « synthèse détaillée Océan » doit ainsi faire apparaître suffisamment ses éléments, sa logique et sa compatibilité avec le modèle de croissance MIE.

<u>Section 2</u> Le sous modèle de base

Equation 1 de détermination du produit (DP)

$$Y_t = a \, . Y_{t-1} + b_1 \, . \, f_t\,(Y_{t+1}) + b_2 \, . \, f_t\,(p_{t+1}) + b_3 \, . \, f_t\,(PF_t) + b_4 \, . \, f_t\,(PF_{t+1}) + b_5 \, . \, f_t\,(ACN)_{t+1} + k \, . \, (G\text{-}T_0)_t - c \, . \, [R_{Lt} - f_t(p_{t+1})] + c' . \, CRD + x_t$$

Cette équation (DP) est la plus importante puisque c'est à partir des variations du produit que se définissent l'équilibre et les déséquilibres constitutifs des fluctuations. On pourrait la prolonger jusqu'à l'emploi et le chômage en employant une simple relation d'Okun[73].

Le produit réel Y dépend tout d'abord de son immédiat passé Y_{t-1} mais aussi des anticipations sur sa valeur future $f_t\,(Y_{t+1})$,

[72] Bernard Landais (2017). Quelques éléments supplémentaires y figurent ici. En particulier du côté de l' « ouverture », par l'introduction du taux de change réel e et de l'objectif dédié de la banque centrale e*

[73] La relation d'Okun exprime la concordance inversée des variations du produit avec celle du chômage, un point de chômage en moins pouvant résulter grosso *modo* de trois points annuels d'expansion du produit.

conformément à la mise en œuvre par les agents de leurs plans de consommation intertemporels et selon les enseignements déjà évoqués de la théorie néoclassique.

On note l'influence du taux d'inflation anticipé $f_t (p_{t+1})$ avec une justification quasi-identique ; ce lien peut être momentanément renforcé, soit en cas d'inflation très élevée soit au contraire en cas de déflation.

Les profits anticipés à court terme $f_t(PF_t)$ déterminent la politique de production ou plus généralement d'offre des entreprises en fonction de leurs débouchés et des coûts prévus sur la durée du processus de production. Ces coûts comprennent les impôts et charges de toutes sortes, le prix des importations de matières premières ou des produits finis. Les profits anticipés à plus long terme $f_t (PF_{t+1})$ sont le moteur principal de l'investissement sous toutes ses formes.

La liaison avec les valeurs nettes d'actifs (ACN) est en principe positive si l'on tient compte des effets richesse favorisant la consommation mais elle peut s'atténuer, voire s'inverser, si la progression attendue des valeurs d'actifs décourage l'investissement productif pour suralimenter la spéculation. Ces comportements sont ceux des possesseurs d'actifs eux–mêmes mais aussi ceux des organismes financiers, banques et marchés.

Le solde budgétaire $(G-T_0)_t$ intervient par la demande, comme le prévoit la théorie keynésienne traditionnelle.

Le coût réel anticipé du crédit sert aussi de réglage de la demande globale à partir des taux longs nominaux R_{Lt} délivrés par les marchés de prêts et de la valeur anticipée du taux d'inflation future $f_t(p_{t+1})$.

La masse des crédits CRD ne joue pas toujours un rôle distinct au-delà du coût réel mais dans certaines circonstances, par exemple de rationnement en cas de crise financière, l'impossibilité d'obtenir des crédits peut devenir une variable déterminante de la fixation du niveau du produit.

Telle qu'elle se présente, cette relation appelle trois précisions :

En premier lieu, il apparaît que le produit d'équilibre se détermine à la fois par des forces d'offre et par des forces de demande, la grande nouveauté étant l'intervention des profits anticipés des entreprises à court terme qui prennent en charge le côté offre. Le terme aléatoire x_t contient aussi des chocs des deux natures, offre comme demande[74]. Une variation du prix du pétrole et un choc sanitaire tel celui de 2020 par exemple peuvent figurer et agir négativement sur les deux lames de la paire de ciseaux alors même que les anticipations ne l'ont pas encore prise en compte. Cette approche duale n'est d'ailleurs pas nouvelle ; les fameuses courbes d'offre et de demande agrégées du modèle AS-AD d'autrefois se coupaient pour déterminer le produit de la même façon et donnaient la possibilité d'illustrer la survenance de chocs d'offre comme de chocs de demande.

En deuxième lieu, le modèle n'explicite pas les relations extérieures mais elles y sont effectivement présentes. Que ce soit pour les considérations d'offre : coûts, concurrence ou celles de demande : débouchés, importations, la position de l'économie dans la mondialisation est prise en compte dans les évaluations des profits, celles des profits futurs et indirectement celles de la politique monétaire. Les chocs aléatoires eux-mêmes la mettent souvent au premier plan.

En fait, l'influence extérieure passe par le taux de change réel **e** qui est un argument des fonctions de profits anticipés, à travers

[74] Et même des chocs « mixtes » comme le confinement-déconfinement de 2020.

les débouchés et les coûts de production, tant à court qu'à long terme. Ce canal ne peut être ignoré ni par les politiques budgétaires, ni surtout par les politiques monétaires. Il a opéré en Zone Euro au cours de ses vingt premières années d'existence et a contribué à la stagnation d'un certain nombre d'économies périphériques telles que l'Italie, la Grèce, le Portugal. D'aucuns citent même la France…

En troisième lieu, les investissements ne sont pas repérés nommément dans DP même si les profits futurs anticipés et le coût réel des crédits leur sont principalement dédiés. Mais ils y figurent en filigrane comme éléments véritables et cachés de la conjoncture économique. Leurs variations effectives (au sens du MIE) commandent largement cette dernière.

De fait, le retour sur le modèle MIE du chapitre 2 et les équations présentant l'accroissement des facteurs par l'investissement est pleinement justifié et ce pour chacun des quatre facteurs : capital physique K, capital humain de type H1, stock des procédés techniques et même à la limite l'offre de travail L. Ces accroissements sont intégrés au mouvement de l'économie à court et à moyen terme. C'est dire que le modèle Océan s'enrichirait sans difficulté d'une annexe comprenant les quatre équations de dynamique des facteurs présentées par le Modèle à Investissement Effectif (encadré 4-2).

<u>Encadré 4-3</u> Rappel : L'investissement dans le modèle Océan identique à la progression annuelle des facteurs selon MIE

Investissement en capital physique

(6) dLogK = Fk [f^e (O. (α_K). $L^{\alpha}{}_{L}$. $H1P^{\alpha}{}_{h1}$.$A^{\alpha}A$. $K^{(\alpha K-1)}$ - Tax), H2ER, H3SC, (Ouv× H5PU), δ_k, QPC, Adm]

Investissement en capital humain professionnel

(7) $dLog\ H1P = F_{H1}\ [f^{e}_{H1}\ [O.\ (\alpha_{h1P}).\ L^{\alpha}_{L}.\ A^{\alpha}_{A}.\ K^{\alpha K}.\ H1P^{(\alpha h_{1}-1)},\ Tax]\ ,\ K_{pub},\ Adm\ ,\ AE,\ QPC, H6V,\ H7SA,\ H10Pa, Ouv,\ dLogK,\ dLogA,\ \delta_{h1}]$

Investissement en progrès technique

(8) $dLogA = F_{A}\ [f^{e}\ [O.\ (\alpha_{A})\ L^{\alpha L}.\ H1P^{\alpha h1}.\ K^{\alpha K}.\ A^{(\alpha A-1)},\ Tax],\ H3SC,\ A_{pub},\ Ouv,\ H5PU]$

Offre de travail

(9) $dLogL = F_{L}\ [f^{e}[O.\ (\alpha_{L}).\ H1P^{\alpha h}{}_{1}.A^{\alpha A}.\ K^{\alpha}{}_{K}.L^{(\alpha_{L}-1)}),\ Tax],\ \Delta LogH1P,\ Adm,\ QPC,\ H4C,\ H5PU,\ H6V,\ H7SA,\ H10Pa,\ Ouv,\ Démo]$

Les investissements de facteurs dont les progressions sont les plus susceptibles d'être influencées par la conjoncture sont ceux qui ont un temps de réalisation plutôt court. Selon ce critère, il s'agit d'abord des investissements en capital physique mais ni la recherche-développement (RD) ni la mobilisation de l'offre de travail ne sont à exclure. Seul, l'investissement en capital humain pourrait être moins sensible, du moins du côté des motivations de demande ; par contre, les moyens de la progression de H1P, tels les financements publics et personnels sont manifestement en prise. Ainsi, le modèle Océan est le cadre d'évolution du produit et des revenus à court ou moyen terme, au sein duquel les progressions de facteurs deviennent ou non effectives.

Certaines des variables figurant du côté droit de ces équations de progression des facteurs sont peu liées à la conjoncture mais à l'inverse certaines le sont. Il s'agit, par exemple et principalement, du profit anticipé net d'impôts qui s'exprime $f_{t}(PF_{t+1})$ dans le modèle Océan et par les différents rendements nets anticipés de type f^{e} [ ] dans MIE. Pensons aussi au niveau de produit ou de revenu atteint à l'équilibre pour Y_t, qui limite l'intensité de certains investissements par la disposition des moyens. Par exemple, des dépenses publiques ou privées d'éducation ou de recherche ne peuvent être financées si les revenus et recettes fiscales d'une année donnée sont trop bas et/ou consacrés à des dépenses sociales et économiques d'urgence.

Ainsi, les modèles Océan et MIE sont parfaitement compatibles et s'imbriquent. Les fluctuations se transmettent à la croissance de façon naturelle par l'intermédiaire des quatre équations de progression des facteurs. Le produit effectif Y_t est donné par le modèle Océan et de leur côté, les quatre équations 6, 7, 8 et 9 de MIE retracent, dans le même mouvement, les progressions de facteurs réalisées à une période donnée. La crise de 2009-2012 s'est traduite par une succession d'années où les investissements effectifs dans les divers domaines ont été insuffisants. Il n'en faut pas plus pour infléchir la croissance.

On pourrait objecter qu'à ce stade, une application mécanique de la fonction de production de MIE[75] risque d'aboutir à une croissance et à une valeur théorique de Y différente de Y_t donnée par Océan et c'est sans doute vrai à un degré ou à un autre. On doit donc tenir compte des délais de mise en place et d'utilisation des nouveaux facteurs et admettre encore que les capacités excédentaires ou déficitaires d'une fin de période **t** aident à calculer les profits anticipés des périodes **t+1** et suivantes. Ainsi, quand le calcul à partir de la fonction de production donne un produit possible plus élevé que le produit anticipé Y_{t+1}, les perspectives de rentabilité des investissements nouveaux en t+1 décroissent et assurent le mécanisme de rappel. Les variations du « taux d'utilisation des capacités »

[75] Voir Chapitre 2 supra.

sont alors un facteur supplémentaire de l'intensité des investissements.

Equation d'équilibre financier (équation 2)

Les taux d'intérêt nominaux longs ou plus généralement les « conditions de financement » passent par la confrontation entre les offres et les demandes de crédit.

(FF) $\mathbf{R_{Lt} = (a - t.b)\, Y_t + b\,(G - T_0) + g\, R_{ct} + d.\, f_t(RF_t) + e.\, f_t\,(Y_{t+1}) - p.\Delta C_{BC} + q.f_t\,(PF_{t+1}) + j\, .\, f_t\,(PM_{t+1}) + y\, .\, f_t\,(p_{t+1}) + \mu_t}$

et les credits obtenus à l'équilibre* :

$\mathbf{CRD^* = O_{FF}^{-1}(R^*_{Lt}) = D_{FF}^{-1}(R^*_{Lt})}$

On renoue ainsi avec la tradition du marché des fonds prêtables, reléguée par la présentation IS-LM et malmenée par les analyses de la Nouvelle Synthèse. Les influences répertoriées reflètent aussi bien les relations financières privées que les actions de politique économique.

La première variable Y_t exprime de quelle façon la conjoncture module la demande D_{FF} de crédits de la part des particuliers, des entreprises ainsi que la stabilisation automatique du budget de l'Etat.

La deuxième, $(G\text{-}T_0)$ nous rappelle qu'un déficit doit être financé par l'emprunt et alourdit la demande de crédits.

Côté offre O_{FF}, les organismes financiers obtiennent des liquidités à court terme et en paient le prix R_{ct} sur les marchés monétaires largement soumis à la banque centrale ; le coût de ces ressources pèse sur les taux longs et constitue l'un de instruments de la politique monétaire. Ces organismes assument leurs obligations de financement en tenant compte des risques de défaut qu'ils perçoivent chez leurs clients $f_t(RF_t)$. Demandeurs et offreurs de crédit sont attentifs aux perspectives de développement de l'activité dans le futur $f_t(Y_{t+1})$.

Comme la politique monétaire se manifeste souvent désormais sous la forme d'une intervention directe de la banque centrale sur les marchés financiers, les fonds ΔC_{BC} sont ceux que cette dernière déverse par ses politiques « quantitatives » d'accroissement de son bilan. Ils contribuent à rabaisser les taux longs[76]et à favoriser l'attribution de crédits. Les profits anticipés par les entrepreneurs f_t (PF_{t+1}) conduisent à une demande accrue de financements pour les investissements qu'ils projettent. La politique monétaire future annoncée aux agents par la banque centrale ou « devinée » par eux PM_{t+1}, agit sur les comportements financiers dès à présent ainsi que sur les choix d'orientation des prêts et de spéculation. Reste à tenir compte de l'inflation prévue qui sert directement à fixer le niveau des rendements nominaux. Un facteur aléatoire de choc complète la présentation.

La confrontation des courbes d'offre et de demande des fonds prêtables donne **un prix** d'équilibre R^*_{Lt} mais aussi un **certain niveau** de fonds prêtables CRD*, ce que nous montre la relation 2'. On dira donc plus généralement que l'équation 2 fixe les « conditions de crédit » du moment. Comme pour l'équation précédente, tout ceci se déroule dans un contexte de mondialisation des marchés qui, sans être décrit spécifiquement, n'est pas incompatible avec la présentation d'Océan.

[76] On a vu récemment (2019) les interventions d'aisance quantitative (QE) des banques centrales (par exemple de la BCE et de la Fed) se porter à des niveaux tels que les taux d'intérêt de certains emprunts d'État ont pu descendre en dessous du zéro. De plus en plus, les déficits budgétaires sont financés directement ou indirectement par la création monétaire. Ces tendances se sont aggravées en 2020 comme on le voit dans l'encadré 4-6.

Équation de variation des prix (équation 3)

$$\textbf{(CP)}\quad p_t = d.(Y_t - Y^*) + w.\,p_{t-1} + (1-w)\,E_t(p_{t+1}) + z_t$$

Cette équation nous propose une explication simple du taux d'inflation d'une période t. Elle est encore rangée dans la catégorie des « courbes de Phillips » (CP) parce qu'elle lie l'inflation à l'écart de production (Y_t-Y^*). Elle nous dit aussi que l'inflation est affectée d'une inertie comme dépendance de l'inflation passée et tient déjà compte de l'inflation future anticipée [sous la forme simplifiée d'une valeur moyenne $E_t(p_{t+1})$]. La pondération w arbitre empiriquement entre ces deux tendances observées et des travaux économétriques ont tenté de calibrer w. Les estimations trouvées sont de l'ordre de 0,6 [Mervyn Goodfriend (2002)] ce qui paraît cohérent avec le temps plutôt long que met une politique monétaire pour affecter le taux d'inflation sur les marchés de biens et services, autour d'un an et demi ou deux ans en temps « normal ».

L'explication de l'inflation n'appelle pas de commentaire original. Elle se présente telle quelle dans les modèles NSNK et ici, en temps normal, le rôle réservé par Océan au taux d'inflation effectif est plutôt limité. Néanmoins, si les valeurs de p deviennent très fortes, elles peuvent « emballer » les anticipations (équation 6) et de proche en proche conduire aux excès hyper-inflationnistes. De même, la liaison avec l'activité et l'emploi est plus resserrée si les taux d'inflation deviennent négatifs en déflation et lorsqu'une spirale descendante peut se mettre en place en justifiant les intuitions d'Irving Fischer. Dans les cas les plus ordinaires de faibles tensions positives, l'équation de variation des prix apparaît plutôt comme un « cul de sac » du modèle.

La distinction nous fait entrevoir l'une des originalités les plus marquantes du modèle Océan, à savoir son fonctionnement différent en temps « normal » et dans les périodes de crise, ces dernières étant souvent caractérisées par l'emballement interactif et rapide des anticipations, lisible dans la deuxième partie du modèle (équations de 5 à 11).

La fonction de réaction (FR) de politique monétaire (équation 4)

$$\textbf{(FR)} \quad (\mathbf{R_c}, \mathbf{\Delta C_{BC}}, \mathbf{FG}) = \mathbf{g.}\ (\mathbf{Y_{t-1}} - \mathbf{Y^*_{t-1}}) - \mathbf{h.}\ (\mathbf{R_L} - \mathbf{R_L^T}) + \mathbf{h'.}\ (\mathbf{CRD} - \mathbf{CRD^T}) + \mathbf{j.}\ [\mathbf{E_t}\ (\mathbf{p_{t+1}}) - \mathbf{p^T}] + \mathbf{j'.}\ (\mathbf{e} - \mathbf{e^T}) + \mathbf{m}$$

L'équation de politique monétaire est plutôt déroutante. En effet, il existe désormais trois instruments reconnus de la politique menée par les banques centrales : la valeur du taux d'intérêt d'intervention, taux auquel une banque centrale effectue ses provisions de liquidités aux banques et organismes financiers et très proche du taux du marché monétaire ; les achats de titres à moyen et long terme ou encore politique d'aisance quantitative (QE) repérée par l'accroissement de la taille du bilan des banques centrales qui est exprimée par une émission de monnaie « banque centrale » ; enfin, la politique d'annonces et d'engagements portant sur la politique monétaire suivie à l'avenir (*forward guidance*). La politique monétaire se caractérise donc par un triplet d'éléments mesurés différemment, variables selon les banques centrales[77], sans qu'on puisse en inférer clairement une différence de politique d'une époque ou d'un pays à l'autre ; elle ne « passe » dans les équations précédentes, en particulier sur le marché des crédits de l'équation 2, que sous cette forme décomposée.

Ce qui détermine cette réaction de politique monétaire est une règle de Taylor[78] élargie comprenant, outre les deux éléments

---

[77] En instantané par exemple (à l'été 2019) le taux d'intervention de la Fed était à 2,25 % tandis que celui de la BCE était à zéro.
[78] John Taylor (1990).

traditionnels de réaction aux écarts de production et d'inflation, **deux critères de réaction financière** s'exprimant par la valeur du taux d'emprunt représentatif observé R_L comparée aux « souhaits » R^T de la banque centrale (s'ils existent) auquel s'ajoute la réaction aux excès de crédit ($CRD-CRD^T$). Notons qu'ici l'écart de taux longs n'est qu'une approximation incomplète d'un possible comportement de réaction à toutes les valeurs d'actifs financiers et au-delà à toutes les valeurs d'actifs tout simplement.

Cette réactivité supposée à des écarts entre le taux long effectif et le taux long souhaité est d'autant plus souhaitable lorsque les banques centrales ont pour souci de ne pas fausser les règles financières normales, par exemple en créant des situations défavorables aux épargnants : une répression financière liée aux intérêts trop faibles, voire négatifs. Cette répression est souvent de mise[79]quand il s'agit de venir au secours de gouvernements lourdement endettés par des interventions d'aisance masquant très mal le financement monétaire des dettes publiques. Là encore, la réactivité probable de la banque centrale est motivée ou par le vice, out par la vertu.

Arrêtons-nous un peu plus longtemps sur la réaction à l'écart de crédit (*credit gap*). Dans divers travaux portant sur les risques de crise, l'« écart de crédit » est considéré comme un repère significatif. On considère[80]en effet qu'une trajectoire des crédits qui s'écarte exagérément, par exemple de plus de 5 points, de la « normale » d'évolution suivant celle du PIB, est porteuse de risques de crise financière. Sur cette base, des indicateurs d'alerte sont produits et diffusés, notamment par la Banque des Règlements Internationaux. Ces indicateurs d'excès de crédit

[79] De plus en plus souvent d'ailleurs, au point d'en devenir la règle…
[80] Voir Bernard Landais (2017), page 48 et suivantes.

devraient obligatoirement figurer parmi les motivations les plus fortes des banques centrales.

Ce que le modèle Océan affirme avec force c'est que l'essentiel de l'impact de la politique monétaire passe par les marchés de crédit et de change. Il serait donc assez naturel que les décideurs regardent les conditions de crédit (prix R_L et quantités CRD) comme des objectifs intermédiaires à privilégier. Sur toutes ces propositions, il faut garder à l'esprit que les crédits évoqués ci-dessus sont les crédits de toutes sortes, parmi lesquels nombreux sont les crédits spéculatifs.

Dans cette version ouverte d'Océan, on introduit encore la réaction à un écart ($e-e^T$) auquel une banque centrale est censée penser avant de déterminer sa politique. Une banque centrale ne peut aisément faire ce qu'elle veut pour cet écart de compétitivité et pour la simple raison que le taux de change est une grandeur relative, dépendant des positions des autres pays et de leurs politiques monétaires et de change. Mais les instruments d'une banque centrale peuvent lui permettre d'espérer manipuler[81] le taux de change nominal dans le sens d'une plus grande compétitivité nationale ou de zone. En suivant MIE, c'est une application en ligne directe de la puissance H5PU comme « catalyseur de l'ouverture », et plus spécifiquement de son expression monétaire.

Ainsi, selon Océan, la banque centrale établit ou devrait établir sa politique sur des éléments qui vont au-delà de ses objectifs finaux à court terme (inflation et niveau de production) et c'est heureux, parce que la sécurité financière et la compétitivité en faveur de la croissance se défendent sur le moyen terme.

---

[81] Ou de résister à une manipulation ! Elle a à sa disposition ses interventions sur le marché des changes (achats et ventes), sa politique de stérilisation…etc. Les instruments utilisés en pratique peuvent être les trois qui figurent dans la fonction FR

L'équation 4 exprimant la politique monétaire et les critères de décision est toujours ambigüe et quelque peu contingente. Rien ne prouve que les banques centrales agissent toutes de la même façon et rien ne prouve non plus qu'elles acceptent le bien fondé des raisonnements théoriques ayant servi à la construire. Cette équation a d'ailleurs toujours souffert de cette ambiguïté, y compris sous sa forme initiale de règle de Taylor. Cela correspond à la difficulté de séparer ce qui relève de l'observation et ce qui relève d'une conception normative de la part du modélisateur. Ce dernier cherche, comme ici, à faire figurer des critères qu'il juge pertinents : l'« excès de crédit » pour prévenir les crises, le taux de change réel. L'explicitation de cette formule de réaction relève parfois aussi de la « gesticulation » promotionnelle des banques centrales elles-mêmes.

À supposer que les cinq critères de réaction soient les bons, leur impact sur les instruments est incertain, à la fois parce que les paramètres g, h, h', j et j' ne sont pas connus précisément (serait-ce 0,20 pour chacun ?) et parce que, même s'ils l'étaient, leur « traduction instrumentale » est à la discrétion des banques centrales, selon la proportion utilisée de chacun des trois instruments[82].

Cette discussion montre bien que la prise en compte des réalités nous éloigne de tout espoir sérieux d'estimer empiriquement, par l'économétrie, une quelconque fonction de réaction. Il s'agit d'une illustration de la thèse contenue dans le premier chapitre sur le danger des efforts prématurés de calibration numérique[83]. Au-delà, c'est encore l'idée de fonction de réaction automatique

[82] A remarquer qu'en certaines circonstances, par exemple quand le taux court R_c avoisine 0, seules les deux autres formes de politique restent disponibles pour accroître la masse des crédits.
[83] Se reporter à la note 8 au chapitre 1

qui sombre corps et biens dans l'océan des réalités. La politique des banques centrales, même si elle peut être comprise ***a posteriori*** grâce à l'équation 4, doit désormais être considérée comme discrétionnaire !

J'imagine de plus que seule une règle établie sur l'importance du bilan des banques centrales et proche de celle de Mc Callum, pourrait heureusement rénover les recommandations de Milton Friedman en faveur des règles monétaires. Nous y reviendrons plus loin.

Dynamique du sous-modèle de base

Le tour d'horizon des équations du modèle des grandeurs effectives étant ainsi achevé, précisons-en la mécanique temporelle. Dans les temps « normaux »[84], on doit d'abord considérer l'équation de politique monétaire (N°4) puis introduire les valeurs d'équilibre des instruments dans l'équation (N°2) d'équilibre des fonds prêtables. Les conditions de crédit dégagées se reportent alors dans l'équation de détermination du produit (N°1). Parallèlement, le taux de change nominal et le taux de change réel s'impriment effectivement dans les éléments de l'équation de détermination du produit DP mais y arrivent dissimulés sous le masque des estimations de profit ou dans le terme aléatoire. Enfin, il s'effectue un retour vers l'équation de détermination du taux d'inflation (N°3). Les termes aléatoires intervenant à chaque niveau représentent des chocs exogènes mettant l'ensemble en mouvement à partir de l'une ou l'autre des relations en cause, justifiant ainsi le bien-fondé seulement partiel de l'approche « impulsion-propagation ».

---

[84] Les temps « anormaux » de crise sont éventuellement différents, par exemple si les anticipations du taux d'inflation prennent des valeurs extrêmes. Le déroulement peut être alors perturbé.

C'est à une autre logique que se rattache la section suivante. L'introduction massive des anticipations dans l'analyse des comportements du sous-modèle effectif suggère d'autres influences puissantes à l'origine des fluctuations, dans les temps normaux comme dans les temps de crise, et plus spécialement pour ces derniers.

Section 3 Le sous modèle des anticipations

Rappelons tout d'abord que les anticipations figurant dans le modèle Océan apparaissent sous la forme de fonction de densité de probabilité f(x), les agents combinant dans leur appréciation du futur, les **valeurs moyennes**, l'**incertitude** et les risques de **valeurs extrêmes**. De plus, il est possible d'accepter l'idée selon laquelle leur intérêt pour ces trois caractéristiques est contingent, en fonction des situations qu'ils vivent. Les valeurs moyennes anticipées sont sans doute suffisantes quand les choses se déroulent plutôt bien mais quand elles se déroulent mal, ou en période de crise, on peut croire que non seulement la distribution des probabilités change mais encore que l'intérêt pratique pour les trois éléments et les comportements adoptés en fonction d'eux se déplace vers l'incertitude et les valeurs extrêmes. C'est entre autres ce qui caractérise les états d'euphorie et de panique !

Le sous-modèle des anticipations comporte des équations (de 5 à 11) décrivant les raisons des anticipations qui comptent et qui sont présentes dans le sous-modèle effectif décrit dans la section précédente. Les sept formes d'anticipations endogènes ont déjà été présentées plus haut. De quoi dépendent-elles ?

Généralement, les anticipations qui comptent le plus pour le modèle de fluctuations dépendent réellement et à la fois de trois types de grandeurs : d'abord (1) d'éléments quantitatifs repérables (par exemple, les valeurs d'obligations publiques sont sensibles aux dettes publiques) ; ensuite, (2) de certaines des cinq autres anticipations endogènes ; enfin, (3) de quelques anticipations exogènes : anticipations de comportement budgétaire $f(G-T_0)_{t+1}$, anticipations des taux d'intérêt longs $f_t(R_{L})_{t+1}$ et pour les entreprises, du rapport « coûts de production/prix de vente », c'est-à-dire des conditions d'offre de la période t : $f_t(C/P)$. Elles subissent encore l'influence d'éléments aléatoires accidentels[85] notés $\xi^{(i)}_t$.

Faute d'entrer dans une description précise des différentes équations composant ce sous-système, il faut en décliner quelques principes directeurs.

Les fonctions d'anticipations ne concernent pas forcément tous les agents à un même degré. Les prévisions de profit concernent tous les offreurs, les entreprises en premier lieu ; de même le risque financier concerne d'abord les opérateurs sur les marchés du crédit même s'il peut impliquer ensuite fortement les simples particuliers. Par contre, des anticipations de valeur nette des actifs sont faites par la quasi-totalité des agents, en fonction de la structure de leur actif de bilan, qui les rapproche en cela des anticipations d'inflation ou de revenu futur. Cette constatation paraît plutôt banale mais elle ouvre un champ de réflexion quant à la genèse technique des prévisions. Le secteur financier par exemple est un monde d'anticipations en révision permanente et autogérée. Les consommateurs quant à eux révisent leurs anticipations d'inflation ou de la conjoncture plus lentement et beaucoup plus en tenant compte de l'avis de tiers,

[85] La crise de la pandémie du Coronavirus nous en offre quelques exemples frappants : anticipations sur la durée de l'épidémie, sur la durée des confinements et sur toutes sortes d'autres données sanitaires (taux de létalité, probabilité d'apparition d'un vaccin et d'un traitement ; bien d'autres encore, sans parler des données concernant l'étranger qui peuvent être importantes pour l'économie nationale.

surtout les médias. Les entrepreneurs figurent dans une catégorie intermédiaire.

Les équations d'anticipations n'ont pas reçu de forme mathématique opérationnelle, notre « prétention légitime à la connaissance » n'allant pas jusqu'à ce point. Mais la nécessaire modestie ne devant pas être l'excuse au renoncement, il est bien évident qu'elles se nourriront des études déjà bien amorcées par la production d'indicateurs de stress ou les enquêtes d'opinion auprès des consommateurs comme des entrepreneurs ou des banquiers. Les progrès de l'économétrie les plus attendus sont dans ce domaine. À noter que se pose toujours le problème des pouvoirs publics dont il est difficile de connaître la fonction d'utilité ; on sait mal ce que sont leurs objectifs réels même dans la sphère économique et les consultations démocratiques sont loin d'en fournir un éclairage honnête.

La formation des anticipations est soumise au « principe de cohérence », forme réaliste des anticipations rationnelles. Si une grandeur, mettons l'inflation p_t, est annoncée dépendre des éléments explicatifs de l'équation 3 du sous modèle effectif, ces éléments explicatifs sont à prendre en priorité comme bases de la formation des prévisions par les agents (équation 6). C'est également clair pour le revenu futur anticipé qui doit découler logiquement, en décalé, de l'équation 1 de détermination du produit. Globalement c'est une règle qui s'impose à toutes les formes d'anticipations. Par rapport à la version dure des anticipations rationnelles, le principe de cohérence n'exige pourtant qu'une connaissance théorique assez vague, voire intuitive de la part des agents : savoir seulement qu'une variable explicative a un impact positif ou négatif sur l'anticipation à construire, une sorte de loi de non-contresens en quelque sorte.

<u>Encadré 4-4</u> Le sous-système des anticipations (présentation matricielle)

Selon la représentation standard, le sous-système des anticipations peut être écrit ainsi : $\mathbf{[B]. [A_t] + [G].[Z] + [G'].[Z'] + [X] = 0}$

où [B] est la matrice des coefficients des anticipations endogènes du sous-modèle ; elle montre de quelles façons les diverses anticipations s'influencent mutuellement.

$[A_t]$ est le vecteur des (sept) anticipations endogènes du sous-modèle,

[Z] est le vecteur des autres anticipations considérées comme exogènes, [G] est la matrice de leurs coefficients,

[Z'] est le vecteur des grandeurs économiques exogènes ou décalées qui contribuent à déterminer les anticipations endogènes. [G'] est la matrice de leurs coefficients,

[X] est le vecteur des termes aléatoires des équations (ici linéaires) des anticipations.

Ce système s'ajoute à celui que forment les quatre équations macroéconomiques de base. Avant de de les rassembler pour le tableau final, restons un moment à considérer la place prise par les anticipations dans le modèle. Le vecteur [X] montre les informations fortuites, parfois liées à des évènements accidentels qui affectent directement des anticipations et indirectement l'ensemble du système macroéconomique. Tant qu'on reste en période normale, il n'est pas certain que ces chocs soient très importants. Les coefficients des matrices [B] et [G] peignent la dynamique d'interrelation des anticipations dans le processus de propagation vers le système macroéconomique tout entier. Prenons le cas de la matrice [B] pour illustrer le fait.

Tableau 4-1 **La matrice [B] : Influences croisées des anticipations**

f(y)	f(p)	f(pf)	f(pf+1)	f(acn)	f(rf)	f(pm)
-1	(+)		(+)	(+)		(+)
(+)	-1					(+)
		-1			(-)	
	(+)		-1		(-)	
(+)	(+)		(+)	-1		(+)
(-)		(-)	(-)	(-)	-1	(-)
(-)	(-)					-1

Légende : Les têtes de colonne correspondent aux types d'anticipation. Chaque ligne correspond à une des équations du sous modèle d'anticipations

Dans cette matrice, les paramètres d'une éventuelle structure linéaire ont été plus modestement remplacés par des indications « plus » ou « moins » selon le signe probable de la dérivée. Une ligne correspond à une des équations du sous modèle d'anticipations. La diagonale se compose de sept valeurs (-1), paramètre accolé à l'anticipation décrite par l'équation considérée et justifiant le vecteur zéro à droite du système matriciel. On lit donc ainsi le schéma de propagation des anticipations endogènes.

Le « turbo » des anticipations

Le modèle Océan se définit lui-même comme un modèle fondé sur les anticipations et il est bien difficile d'en douter. Néanmoins, il faut parvenir à comprendre ce que cela signifie en pratique. On voit que le fonctionnement de l'économie reflète des comportements face aux réalités du moment et des chocs mais traduit aussi des actions reliées aux réalités futures anticipées. Évidemment, ces comportements se conjuguent entre eux par des logiques de chemin, matérialisées par les équations, pour délivrer les positions d'équilibre macroéconomique. Les chemins eux-mêmes sont les fluctuations qui nous intéressent. Elles correspondent aux quatre premières équations du modèle, donnant le produit, les conditions financières, le mouvement des prix et l'expression de la politique monétaire au fil du temps.

En amont de cette organisation des faits, se situe donc un système de formation des diverses anticipations, système dont l'expression mathématique est donnée dans l'encadré 4-3 ci-dessus. Dire qu'Océan est fondé sur les anticipations revient à affirmer d'abord que de nombreuses anticipations sont cruciales pour les comportements macroéconomiques et ensuite que c'est à elles que l'on doit les caractéristiques majeures des fluctuations et des crises. À divers moments de la vie économique, le système macroéconomique connaît l'émotion forte de plus grandes fluctuations parce que le « turbo » des anticipations a été déclenché. Ce turbo a une représentation qui est la matrice B de l'encadré 4-4 et il correspond à la volatilité contagieuse et croisée des anticipations qui comptent pour déstabiliser les comportements et aboutir à une forte instabilité macroéconomique. À supposer par exemple que naisse une inquiétude concernant le risque financier, la matrice B va nous indiquer de quelle façon vont suivre les anticipations de profit, de valeur d'actifs et tout ceci en moins de temps qu'il ne faut, sinon pour le dire, du moins pour y réfléchir à tête reposée et faire des calculs. S'ouvre alors le monde des engouements, des paniques, celui des crises économiques et financières. Le modèle est donc doté d'un « accélérateur matriciel » des anticipations, véritable « turbo » des crises. De plus, quand on se souvient que la sensibilité des comportements aux anticipations et aux valeurs extrêmes des distributions s'accroît aussi dans ces périodes, on comprend mieux quel est le chemin de crise proposé par Océan.

Section 4 Océan : déséquilibres et crises

Le modèle Océan entérine une vision ouverte de la théorie macroéconomique à court et moyen terme. Le mot « ouverte » correspond à l'idée selon laquelle les fluctuations s'expliquent à la fois par les analyses exogènes « impulsions-propagation » qui sont surtout valables dans le cas des fluctuations réduites[86] des temps « normaux » et en même temps par les analyses endogènes de tension-rupture ; ces dernières s'imposent absolument dans le cas des fluctuations graves de crise, sans être absentes de l'explication et du déroulement des autres, comme élément de la propagation notamment.

L'approche endogène tensions-rupture est l'équivalent des théories traditionnelles des crises et des révolutions dans la plupart des domaines : militaire, politique, social voire même sanitaire pour les individus et les populations. Si l'on considère des évènements marquants de l'Histoire comme la Révolution française ou la Révolution bolchevique, on les explique à l'évidence par une évolution sociétale préalable ayant duré longtemps, évolution qu'on peut appeler une « fragilisation » progressive. Les historiens découvrent sans peine la montée des tensions et divisions dans le corps social, les pertes de repères moraux et des valeurs traditionnelles, la dégradation progressive des piliers de l'ordre ancien, celle des mœurs ainsi

[86] L'arrivée de la crise de 2020 est l'exception qui devrait confirmer la règle puisqu'un choc politique exogène (les mesures sanitaires imposées) est manifestement en passe de provoquer une crise profonde.

que l'affaiblissement des courages. Tout ceci se cristallise en désamour et mépris symétrique entre gouvernants et gouvernés.

On se remémore aussi, parallèlement, des « accidents de parcours », ces départs de feu qui ne sont pas parvenus à entraîner d'embrasement général soit parce qu'ils n'étaient pas encore suffisants en intensité relative soit parce qu'ils furent contrés par une réaction efficace et même souvent parce que la chance s'en est mêlée. Et vient le jour, parce que tout se retourne dans l'autre sens, où la crise arrive par une sorte d'accident et où l'incendie se propage. La prise de la Bastille a lieu, évènement de faible intensité, mais de fort retentissement, quand Louis XVI choisit, le 13 juillet 1789, de ne pas faire donner la troupe contre « son » peuple. De même, autres exemples d'évènement imprévu, les Allemands qui favorisent le passage du train de Lénine venant de Suisse parce qu'ils veulent affaiblir la Russie et fermer leur front à l'Est ou encore en 1978, le conclave qui élit Karol Wojtila, le Pape Jean-Paul II ! On pourrait trouver bien d'autres illustrations sur une variété de plans mais on comprend qu'en macroéconomie, la transposition de ce scénario correspond exactement à l'analyse endogène des cycles et convient tout particulièrement pour les cas de fortes fluctuations. Le rapprochement est d'autant plus légitime que dans les deux domaines, politique et économique, les sentiments, mentalités, anticipations et comportements sont au premier rang des explications.

Revenant aux leçons de l'Histoire, on reconnait aussi que des séries de chocs aléatoires comme le décès d'un souverain, la froidure extrême ou autres accidents climatiques de certaines années avaient pu déclencher des révoltes sporadiques, liées à la dureté des temps ou aux « émotions populaires » parfois inexplicables. Mais ce scénario exogène a rarement réussi à déstabiliser l'ordre ancien quand celui-ci gardait assez de force, de légitimité et de cohérence pour leur résister. Ainsi, parallèlement, la fragilisation économique et financière exprimée par le mot « tensions » explique les crises économiques et les grands mouvements tandis que les approches exogènes se cantonnent aux fluctuations des temps ordinaires[87]. L'approche validée par le modèle Océan correspond à la fois à ces deux voies.

Anticipations sur les deux voies

Ces deux voies ne correspondent pas à une présence ou non des anticipations dans la détermination des comportements ; elles sont réellement toujours présentes et importantes et leur quasi absence dans les modèles de la première synthèse néoclassique (IS-LM) est une erreur absolue. Non, il s'agit plutôt d'une question d'intensité et de volatilité qui fait qu'en pratique, certaines anticipations ne jouent un rôle que dans les fluctuations limitées des périodes ordinaires parce que leur volatilité et leur réversibilité sont faibles, alors que certaines autres sont sujettes aux emballements, aux retournements brutaux, aux crises traumatisantes.

Dans la première catégorie figurent les anticipations de prix futurs (le plus souvent), de revenus futurs, de profits à court terme et souvent celles relatives à la politique monétaire ; ces anticipations peuvent certainement varier beaucoup mais c'est presque toujours en réaction à une situation déjà déstabilisée par les autres, c'est-à-dire par les enchaînements de la matrice B.

Dans la deuxième catégorie, on trouve les anticipations plus « spéculatives » du risque financier, des valeurs d'actifs et de profits futurs, celles qui furent les plus négligées dans la

[87]Une exception peut-être : la crise de 2020, voir note précédente.

Nouvelle Synthèse Néo-Classique et furent au contraire les plus présentes dans les théories endogènes de type tension-rupture.

Les mouvements économiques déroulent en effet deux sortes de tensions correspondant en gros à ces deux situations : les tensions d'usure et les tensions de bulle, les premières ressemblant à celles que produit un dégonflement progressif des énergies, les secondes constituées d'une accumulation d'illusions.

Les tensions d'usure

Dans toutes les périodes d'expansion et notamment quand elles se sont un peu prolongées, il se produit souvent un essoufflement, qui débouche sur des perspectives moins optimistes. Les anticipations concernées sont par exemple celles qui portent sur les profits immédiats à réaliser (par le renchérissement du coût des matières premières et du travail), la progression des revenus et de la production et des perspectives de montée des prix. S'y ajoute la politique monétaire qui s'annonce comme plus restrictive en fonction des objectifs d'inflation et d'écart de production fixés par la banque centrale. L'expansion se trouve donc freinée et les acteurs deviennent plus pessimistes. Les mauvais risques et les faillites augmentent tendanciellement. Ces tensions d'usure, à elles seules, débouchent rarement sur des crises graves mais seulement sur des retours à des équilibres de niveau plus bas. Le langage journalistique s'est trouvé une expression exceptionnellement adéquate quand il évoque l'« atterrissage en douceur » d'une économie.

Beaucoup de mouvements cycliques faibles ou moyens arrivent de cette manière [Victor Zarnowitz (1985)] et se traduisent par une stagnation et la montée du chômage. Pendant le long après-guerre et sans doute pratiquement jusqu'en 2008 pour la plupart des pays occidentaux développés, ce fut le scénario le plus convenable de la plupart des fluctuations. Il est d'ailleurs parfois possible d'en joindre l'enchaînement à celui des analyses par chocs (un choc pétrolier ou de prix des matières premières est souvent en lien avec les tensions d'une expansion qui a duré longtemps, ainsi au début de 2008 avec la demande chinoise massive de matières premières). Le modèle Océan adopte complètement ce scénario mais après un tel départ, le « turbo » des anticipations est rarement en action car les anticipations concernées sont plutôt sages et évoluent progressivement sans contaminer les anticipations spéculatives.

Les tensions de bulle

Les tensions de bulle aboutissent à un renversement, en général un optimisme croissant et finalement exagéré se transformant tout à coup en pessimisme également excessif. La perception du risque de défaut (risque financier) par les prêteurs, l'anticipation des valeurs futures d'actifs financiers et immobiliers souvent très liées techniquement au risque financier, et dans une moindre mesure, les profits d'entreprise futurs anticipés, sont les trois domaines les plus sensibles à cet égard. C'est lorsqu'une tension de hausse des prix d'actifs et des profits se retourne ou lorsque le risque de défaut des emprunteurs, de sous-estimé[88] devient surestimé, que les conditions de déclenchement d'une crise économique et financière se trouvent remplies. On a déjà vu qu'une mesure objective, celle des excès

[88] La révélation d'un endettement exagéré et instable pour un gros opérateur systémique peut se faire à partir d'une publication de certains de ses documents comptables et de réactions politiques difficiles à comprendre hors d'un contexte d'abus. Ainsi par exemple, la situation risquée de la « Deutschbank » en 2019 et la création d'une « bad bank » à son profit explique mieux que tout la proposition allemande « inattendue » de mutualisation de la garantie des dépôts au niveau européen …

de crédits (et donc aussi des dettes) était un bon indicateur des tensions de bulle. De fait, les montées spéculatives sont toutes alimentées par le crédit même si certaines le sont plus que d'autres (immobilier par exemple) et le crédit est donc le « marqueur » principal de ce type de tensions.

Dans les situations historiques concrètes, parmi les trois types de montées de tensions : prix d'actifs, insécurité du crédit et profits futurs, il y en a généralement une qui doit être mise au rang de cause première, souvent la plus ancienne, les autres étant soit absentes soient décalées. Les travaux empiriques consacrés à des épisodes graves montrent parfois des crises boursières précédant les crises bancaires ou immobilières et parfois c'est le contraire. De même, en s'intéressant aux diverses formes de marché sur lesquels se produisent les spéculations, on voit les marchés d'actions, d'obligations publiques ou privées et de valeurs immobilières connaître des emballements dus à un optimisme excessif sans qu'il y ait obligatoirement de parallélisme entre ces divers mouvements des marchés d'actifs. Ainsi, avant 2008 et encore plus récemment, les bulles affectent le secteur immobilier dans de nombreux pays. Une bulle des obligations s'est formée après 2008 en conséquence de la politique monétaire de taux faibles. De même, la réalisation de l'Union Monétaire Européenne a rendu les détenteurs de dettes publiques beaucoup trop confiants et c'est encore le cas en 2019 pour l'Italie et la Grèce par exemple[89]. Pour la crise de 2020, la première réaction de la BCE a été le déblocage d'une politique de rachat de ces dettes publiques.

[89] La « méthode Coué » des organismes officiels (banques centrales, États, organismes internationaux) contribue à aggraver la montée des tensions spéculatives.

Encadré 4-5 BCE et crise européenne 2008-2011 : une conséquence de l'Union

La politique monétaire de la BCE a joué un rôle déterminant dans ces déséquilibres annonciateurs de crise, à la fois comme la plupart des banques centrales qui n'hésitent pas à alimenter les poussées de crédit et comme banque centrale d'un ensemble d'économies nationales qu'elle contribua par la force des choses mais consciemment (pour conduire une convergence des niveaux de vie) à dissocier. Rudiger Ahrend (2008) a mesuré les « écarts de Taylor » pour des pays de l'OCDE ; ces « écarts de Taylor » sont la différence entre le taux d'intervention de la banque centrale et celui qui résulterait, pour un pays déterminé, du calcul d'un taux d'intervention fictif, compte tenu des écarts de production et des écarts d'inflation vis-à-vis de leur norme souhaitée. Ainsi, la plupart des anomalies détectées avant 2008 concernent des pays qui auraient dû subir des taux d'intervention bien plus élevés que les taux effectifs pratiqués par la banque centrale et qui ont donc présenté des « écarts de Taylor » négatifs. Un écart de Taylor, lorsqu'il dure, est donc un formidable encouragement donné à l'endettement excessif. Les pays titulaires d'un « record » à cet égard pour l'écart et sa durée sont l'Irlande (1999-2007), le Portugal (1998-2005), l'Espagne (1998-2007) et la Grèce (2000-2007), tous des pays de la Zone Euro. L'impact de cette politique laxiste vis-à-vis de ces pays s'observe en termes de bulles d'actifs, notamment immobiliers et assez souvent en termes d'endettement public.

Cette conclusion s'explique conjointement par la politique du change de la façon suivante : la politique monétaire européenne est sur la sellette au sujet du taux de change réel. La plupart des pays de la Zone Euro ont vu **e** augmenter beaucoup et leur compétitivité internationale s'effriter en raison de la politique de change de l'euro (dès 2000 et après une année de valeurs correctes). On verra plus loin qu'une politique d'euro fort oriente la masse des crédits dus à l'aisance monétaire, non vers des emplois profitant à l'appareil productif mais vers la spéculation, notamment pour les pays absorbant les crédits abondants. Elle détruit leurs chances dans le commerce mondial.

Enfin, les marchés d'actions ont connu une progression un peu folle au début de cette même année 2019. On pourrait multiplier ces exemples tout en constatant que pour les pays développés stagnants, les perspectives de profits futurs liés à la production ne sont plus autant sujettes à des bulles d'optimisme spéculatif (pourquoi le seraient-elles ?) tout en étant inversement entraînées parfois bien bas en période de récession déclarée. Par conséquent, l'exubérance de l'investissement productif n'est une cause de crise économique et financière que pour quelques pays émergents ou peu développés, souvent dépendants du prix des matières premières.

Cette énumération a pour but de montrer que la variété des crises économiques et financières est très grande, du moins si l'on envisage la cause première des déséquilibres traduits assez fidèlement par les « excès de crédits » ou « excès d'endettement ».

En général, on peut supposer que l'entraînement entre anticipations en période de montée de bulle est plus faible, par un jeu plus « mou » de la matrice des influences croisées B, qu'ils ne le deviennent ensuite après le déclenchement de la crise. Ils changent même parfois de sens d'une phase à l'autre. Ceci se comprend, parce que souvent, les fonds prêtables alimentant les tensions de bulle sont attirés par les segments où l'optimisme exagéré est le plus élevé et paraît donc le plus justifié. Les autres sont alors en partie épargnés par l'euphorie et **c'est toujours le cas des profits d'investissement productif pour les pays matures**. On doit même considérer que les motivations des investissements productifs pâtissent des bulles spéculatives portant sur les marchés d'actifs et s'amenuisent avec leur succès ; **ainsi, les investissements et la croissance économique des pays matures sont finalement faibles en**

période de montée de tensions de bulle. Ils ne profitent généralement pas des politiques de crédit facile.

L'excès de crédit et la fragilisation financière qui en résulte semblent les conséquences quasi obligatoires de telles tensions. Ce sont les pivots permanents de ces tensions de bulle, quelle que soit la cause initiale de l'euphorie et des spéculations. C'est à leur niveau que la politique de prévention des crises doit se déployer[90].

La mise à feu : accident ou anticipations auto dépendantes

En périodes de tension, souvent marquées par un trop grand optimisme sous divers angles, le déclenchement d'un processus de crise se produit alternativement de deux façons :

(1) La première est de nature accidentelle, un évènement aléatoire ou d'un ordre différent, l'un des ξ_i des fonctions d'anticipations, qui vient bouleverser une ou plusieurs distributions de probabilités subjectives de type : $f(pf_{+1})$, f(acn) et f(rf). Au plan politique, la première guerre mondiale et les revers militaires furent l'accident qui détermina la Révolution bolchevique. En macroéconomie, l'accident peut être une faillite bancaire, une guerre, une épidémie[91], des attentats terroristes voire même une action de politique monétaire mal avisée. Par exemple, que se serait-il passé si en 2008, la Réserve Fédérale avait décidé de venir en aide à la banque

---

[90] Voir la section consacrée à la prévention des crises par la politique monétaire en fin de ce chapitre.

[91] Au début mars 2020, le « Corona Virus » a déjà fait « dévisser » les Bourses. Jusqu'en février, elles étaient au plus haut, en contradiction flagrante avec la logique économique et financière des entreprises. D'ores et déjà et sans préjuger de l'impact final, il s'agit d'un bon exemple de choc ξ_i sur des anticipations. Il se présente aussi, mais un peu plus tard, comme un choc mixte direct sur le produit.

Lehmann Brothers comme elle l'avait fait à l'égard d'autres établissements financiers auparavant ? Aurait-elle eu la même attitude s'il s'était agi de Goldman Sachs ?

(2) La deuxième relève plutôt de la « déception » ou des anticipations auto-dépendantes. Au fur et à mesure qu'un processus devient spéculatif, l'opinion d'hier se renforce dans les prévisions pour demain mais à condition que les réalités ne viennent pas la démentir. Dans l'histoire des crises économiques, les retournements vers le pessimisme et la panique se sont souvent produits parce que la réalité perçue à un moment donné suscitait des déceptions. Les profits de la Compagnie des Indes Occidentales au temps de John Law étaient corrects mais certainement insuffisants pour maintenir l'optimisme des acheteurs de ses actions et soutenir la spéculation effrénée au rythme atteint. Les opérateurs les plus avisés et les plus prudents, ceux qui commencent à vendre les actifs ou à ne plus prêter, sont donc habituellement les acteurs involontaires mais réels de la mise à feu de ces crises à anticipations autocorrigées (immobilier, actions, obligations publiques, devises, prêts bancaires …

Politique monétaire et crise financière

La politique monétaire, émanant idéalement d'un « opérateur » avisé et prudent entre tous, est souvent à l'origine des récessions et des crises car en voulant lutter contre un mouvement qui gêne ses objectifs, c'est elle qui donne le signal des déceptions et du retour aux réalités. La crise de 2008 ne se serait probablement pas produite à ce moment-là si les banques centrales n'avaient pas durci leur politique de taux à partir de 2004-2005. Dès lors, quand on regarde les tensions de bulle de 2019 et les menaces correspondantes, on comprend que les banques centrales soient désarmées et totalement « enfermées » dans leur politique laxiste de taux zéro et d'aisance quantitative. Marc Rousset (2019), illustre cette impuissance[92]des autorités monétaires à faire demi-tour en temps voulu. La mécanique est celle du délinquant qui persiste dans le crime pour masquer ses torts et éviter les conséquences de ses actes passés. Mais rien ne garantit que cette politique sans espoir de fuite en avant ne provoque elle-même un retournement massif des anticipations vers le pessimisme et la panique.

Encadré 4-6 **Un exemple de fuite en avant : la situation de 2019**

[Source : Marc Rousset (2019)]

Les actions des banques centrales sont, en fait, un aveu implicite que l'hyper-endettement est intenable avec des taux d'intérêt normaux, que le Système exploserait par manque de liquidités. Aux États-Unis, sept millions d'Américains ont au moins 90 jours de retard pour les mensualités de leur crédit auto et un grand nombre d'étudiants sont dans l'incapacité de rembourser les frais de leurs études. On va donc tout droit vers l'explosion, mais les boursiers regardent le doigt lorsqu'on leur montre la lune des réalités.

A la BCE, l'ordre du jour, c'est : ouvrez toutes les vannes ! À partir de septembre 2019, afin de sauver les banques italiennes, un « TLTRO III » (prêts à long terme à taux zéro) sera lancé et échelonné sur sept trimestres. Les taux zéro sont confirmés pour 2019 et l'Institut de Francfort s'engage à réinvestir aussi longtemps que nécessaire son stock d'obligations pléthorique de 2.600 milliards d'euros.

Aux USA, Wall Street croit de nouveau au père Noël, suite à l'annonce de la Fed que les taux pourraient même baisser en 2019,

---

[92] Au-delà de l'impuissance, il y a la conviction déjà signalée et hélas, souvent justifiée par les faits, qu'un retournement de politique vers plus de rigueur est porteur de dangers directs de déclenchement de crise, comme l'a illustré l'épisode de remontée des taux des banques centrales après 2005. Cette conviction est probablement déterminante dans l'esprit des banquiers centraux.

que la politique de réduction du bilan (« QE » à l'envers) serait arrêtée en septembre 2019, avec même une reprise possible, si nécessaire, de la création monétaire non conventionnelle. Dans ces conditions, rien à perdre, mieux vaut continuer à faire gonfler la bulle boursière, même si la dette publique états-unienne représentera, d'ici quatre ans, 110 % du PIB.
Quant à la bombe italienne, la dette publique devrait atteindre 132 % du PIB en 2019, 138,5 % en 2024, avec un déficit public supérieur à 3 % en 2020. Les banques italiennes détiennent 360 milliards de dettes de leur propre pays, soit 10 % de leurs actifs. La prime de risque du taux des obligations italiennes par rapport au Bund allemand est de 2,56 %. Plus grave : BNP Paribas perdrait 47 % de ses capitaux propres si ses débiteurs italiens faisaient défaut, le Crédit agricole 29 % et la banque Dexia 55,6 % (ratios CET1 de la BRI).

L'exemple de l'année 2019 révèle la grande diversité des menaces s'exerçant à chaque période sous forme de poussées diverses d'endettement excessif : privées, publiques et bancaires ; on aurait d'ailleurs pu y ajouter la spéculation immobilière, en phase de relance rapide dans de nombreux pays. La variété des crises financières correspond évidemment à ces poussées diverses.

Ce que ce constat instantané montre de surcroît, c'est désormais le caractère international des tensions de bulle et la grande difficulté des autorités monétaires des divers pays à s'opposer à une bulle sans risquer de la faire exploser. Les tensions croisées qu'exprime la matrice B de propagation et toutes les relations impliquant des anticipations dans le modèle Océan sont soumises à cette règle de mondialisation financière même si les éléments purement nationaux restent influents.

Les taux d'intérêt négatifs sont le résultat des politiques monétaires entreprises pour alimenter la demande et sécuriser les transactions financières passées et présentes. Elles donnent aux « mauvais » emprunteurs les moyens de faire face à leurs obligations et de continuer leur activité et leurs dépenses.

<u>Encadré 4-7</u> **Marchés des fonds prêtables : taux d'intérêt négatifs sur des grands segments. Le cas de 2020.**

<u>Graphique 4-1</u> **Marché des fonds prêtables en excès de création monétaire**

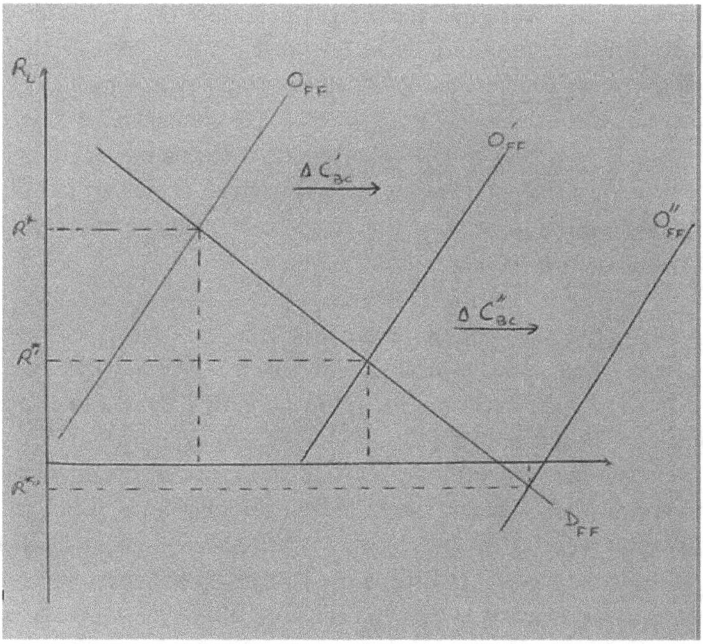

<u>Légende</u> : R_L, le taux d'intérêt long dépend de l'offre et de la demande de fonds O et D. DC_{BC} est la contribution (ici envahissante) de la banque centrale. Le marché pris en compte ci-dessus est l'un des marchés (par exemple celui des dettes souveraines)

La discussion procède de l'équation N°2 du modèle Océan.

En 2019 et 2020, dans certains segments importants des marchés financiers, ces politiques déplacent la courbe d'offre de fonds prêtables de O_{FF} vers O'_{FF} puis vers O''_{FF} par augmentation des interventions directes sur les marchés et au profit des grands débiteurs souverains (Grèce, Italie et progressivement les autres…) ou des grandes entreprises. La conséquence est le passage des taux d'intérêt en dessous du zéro à R_L'' et la disparition des prêteurs épargnants (pour ce taux négatif, la courbe O_{FF} a déjà rejoint et dépassé le zéro) contraints de conserver leurs épargnes de précaution sous forme liquide quand ils sont pauvres ou sous forme d'actifs « refuge » ou spéculatifs s'ils sont riches ou si c'est leur métier de financier.

Celui qui emprunte se fait même payer par le prêteur ! Pourquoi cette extrême bonté ? Parce que ceux qui la pratiquent ont des ressources infinies à leur disposition ; ils ne les tirent pas de leurs patrimoines personnels ; ils battent ainsi joyeusement « crédit » et « monnaie » et ils savent qu'à court terme ils ne peuvent faire autrement[93]. En termes monétaires, tout ceci aboutit à un gonflement énorme des moyens paiement en attente sur des comptes en banque, rebloqués au passif des banques centrales ou « confinés » tant bien que mal sur les marchés des actifs mobiliers et immobiliers.

Il existe potentiellement un danger inflationniste, dans la mesure où ces actifs monétaires pourraient ultérieurement se reporter sur le marché des biens et services par réanimation de l'abondante épargne liquide ou par reflux à partir des marchés d'actifs. En période de crise économique annoncée, comme en 2020, ces mouvements ne sont pas redoutés mais au contraire souhaités par les autorités monétaires ou budgétaires, adeptes convaincus de l'insuffisance chronique ou aiguë de la demande globale. Booster cette dernière ou au moins ne jamais l'entraver, ne leur paraît pas forcément suffisant mais en tout cas nécessaire ! A chaud, on ne peut leur donner tort !

---

93 Les banques centrales sont victimes d'un chantage de la part des endettés…(*too big to fail* !)

Le risque d'inflation, voire d'hyperinflation, pourrait donc se présenter après un certain temps. Le danger le plus probable reste néanmoins celui des bulles spéculatives en passe de crever, ici ou là, dans un monde financier mondialisé, évènements qui entraîneraient un enchaînement semblable à celui de 2008-2009-2011.

Le risque des « deux à la fois » ou des « deux successivement » n'est néanmoins pas trop grand, car si les marchés d'actifs « explosent » en crise économique et financière, cela s'accompagne d'une certaine destruction de la monnaie en excédent dans le système financier, destruction qui correspond alors au désir général de se désendetter.

Vers une crise économique et financière selon Océan [94]

Océan peut retracer le périple vers la crise économique et financière à partir de la notion de **fragilisation**. Elle se concrétise par la montée des dépassements de crédit, effets de levier (endettement) et du « cycle financier », caractérisée par une sous-estimation progressive du risque financier sur le marché des crédits. L'essentiel du chemin se fait aux côtés des offreurs de fonds.

Même si un risque de défaut est déterminé correctement, les acteurs financiers peuvent décider de l'ignorer, ce que cherche à expliquer l'approche « réputationnelle ». Ainsi Bracha A et Weber Elke U (2012) émettent une théorie psychologique fondant le comportement des financiers sur leur crainte de souffrir d'une mauvaise réputation en produisant des rendements inférieurs à ceux de leurs concurrents. Pour parvenir à leurs fins, ils adoptent donc des stratégies plus

[94] Ce paragraphe est repris d'un ouvrage précédent : Bernard Landais (2017), pp 153 et 154.

risquées dans la phase montante du cycle et recherchent des rendements élevés à tout prix, au détriment de la sécurité de leur bilan.

De son côté, la sous-estimation du risque de défaut perçu (ou financier « RF ») est due en proportions variables à la surestimation progressive de certaines valeurs d'actifs servant de garantie aux prêts, une politique monétaire trop rassurante (« paradoxe de la crédibilité » de Claudio Borio ou la fameuse « doctrine Greenspan » de récupération automatique des bulles) et au simple sentiment de sécurité par « effet de nombre ». La sous-estimation du risque de défaut en phase montante du cycle financier se traduit par une dérive de la courbe $f_t(RF_{t+1})$ vers la gauche. Si l'on représente cette fonction de densité (graphique 4-2) en lui accolant une hypothétique « vraie distribution » f^*, la fragilisation va prendre la forme d'un double déplacement progressif de ces deux courbes. La « vraie » courbe f^* a toutes les chances de se décaler vers la droite en période de montée du crédit puisque les projets à financer, souvent portés par des entrepreneurs et investisseurs plutôt plus médiocres, deviennent *a priori* de moins en moins rentables et sûrs. Mais la masse des succès de financement est telle et le désir instinctif des banques et financiers d'obtenir des rendements élevés si pressant que la courbe f de risque perçu glisse de son côté vers la gauche en minorant dangereusement les risques d'insolvabilité. La sous-estimation du risque est ainsi une expression classique de ce qu'on peut appeler un peu différemment « grégarisme béat », c'est-à-dire le sentiment de sécurité que procure le fait d'être nombreux à affronter une situation donnée de la même manière, chacun s'imaginant que les autres ont d'excellentes raisons de ne pas se faire de soucis.

Si du côté offre, la sous-estimation des risques est souvent encouragée par la politique et les intentions monétaires et pousse le système financier à trop prêter, côté demande de fonds, une surestimation progressive des profits et des attentes de plus-values, conduisant à des projets industriels démesurés ou mal adaptés ainsi qu'à des bulles d'actifs, notamment immobiliers. Ainsi, les financements sont concrétisés en grand nombre et toutes les anticipations dérivées sont optimistes.

<u>Graphique 4-2</u> Risque financier perçu f et risque effectif f* en phase de fragilisation

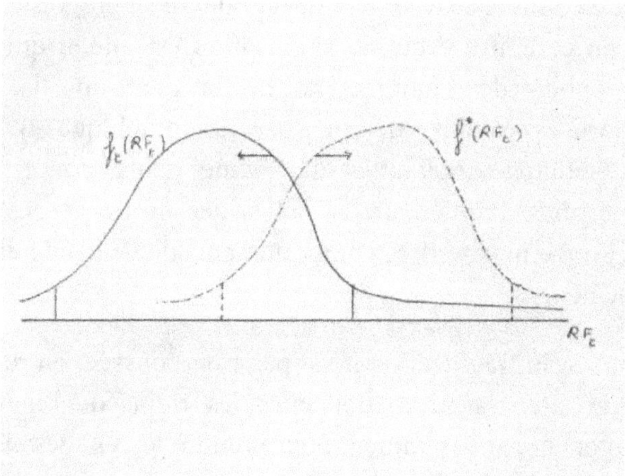

<u>Légende</u> : Le risque financier RF représente par exemple la proportion de créances non recouvrables

Généralement, la fragilisation continue et s'aggrave lorsque certains mouvements se renversent, en particulier lorsque la politique monétaire change d'orientation mais encore quand il devient patent qu'une fuite en avant monétaire ne peut que conduire à une crise financière. Alors, les risques perçus par le système financier (RF) se déplacent en sens inverse. Sur le graphique 4-1 rien ne permet de dire que le mouvement des « vrais risques » f* change de sens, bien au contraire, dans la mesure où les décisions restrictives de politique monétaire ont des répercussions mécaniques sur la solvabilité probable de beaucoup de débiteurs privés ou publics. Par contre, la probabilité de défaut perçue f se déplace désormais vers la droite pour atteindre et même dépasser f*, au fur et à mesure que les prêteurs deviennent plus réalistes et normalement pessimistes. Toutes les autres anticipations vont alors prendre des chemins inverses à ceux des périodes précédentes, comme nous le décrivent les sept dernières équations du modèle et ce que la matrice [B] révèle le plus rapidement. Logiquement, l'activité commence à se ralentir ou ralentit sa progression. À ce point, un certain niveau de fragilisation est atteint qui dépend grosso modo de l'ampleur et de la durée de la période d'euphorie préalable décrite par le graphique 3 et par d'hypothétiques graphiques du même genre concernant les autres formes d'anticipations, celles des profits et des valeurs d'actifs notamment…Les comportements de demande et d'offre s'adaptent.

Dès lors, si la fragilisation n'est pas trop poussée, on revient au cas d'un atterrissage en douceur ; les freins de l'automobile opèrent encore suffisamment pour prendre les virages et stopper à temps face aux obstacles. Par contre, si elle est déjà bien avancée, elle prédispose le système d'anticipations à se mettre en mode « panique », pour peu que des faits nouveaux ou des erreurs de politique ξ « transforment » la montée du risque financier en fuite en avant. Alors et seulement alors, les indicateurs de stress témoignent de l'explosion du risque perçu par le secteur financier. Est-ce trop tard pour bloquer ? Pas forcément, mais souvent ! On a cependant connu des cas où une courte fenêtre s'ouvrait à une action de stabilisation, notamment pour les banques centrales.

<u>Encadré 4-8</u> 2020 : Déclenchement d'une crise : Le choc est arrivé[95] !

Dans un encadré précédent, Marc Rousset faisait l'inventaire des tensions de bulle observées en avril 2019 et à sa suite, chacun se demandait de quel côté pouvait venir la mise à feu[96]. Moins d'un an après, le processus s'est lancé à partir de l'épidémie du « coronavirus » et des réactions sanitaires de la plupart des pays du monde.

Les mesures prophylactiques et de confinements décidées par beaucoup de gouvernements, l'arrêt de certaines activités industrielles et commerciales jugées « non essentielles », des liaisons internationales et du tourisme…sont un choc négatif « x_t » d'offre et de demande mêlées, d'une nature et d'une ampleur inédite, que l'on enregistre immédiatement dans l'équation DP du modèle principal et qui fait baisser le PIB d'un coup. La conjonction est inédite puisque **c'est probablement le seul exemple historique d'une crise économique décidée délibérément par les pouvoirs politiques en temps de paix**[97] !

Par rapport au schéma type développé dans cette partie, le choc « Covid 19 » a ceci de particulier qu'il est énorme en lui-même ; $\mathbf{x_t}$ pèse donc directement beaucoup pour la détermination du produit pour l'année en cours. L'offre est restreinte par les mesures de confinement de certains facteurs de production ou d'interdiction pure et simple de production ; la demande est restreinte par l'immobilité

---

95 Cette partie est écrite au « fil de l'eau » entre le 1er mars 2020 et l'édition du livre. Elle porte donc la marque d'un esprit « ouvert » et « confiné » tout à la fois.

96 Selon le « principe de Ludwig Von Mises » pour qui on peut facilement acquérir la conviction qu'une crise va survenir mais qu'il est impossible de prévoir précisément où, quand et comment. C'est une simple expression et justification de l'existence du « risque ».

97 « décidée » est sans doute un terme fort mais il s'agit bien d'un choix opéré entre la santé économique et la santé de la population, choix imposé par les circonstances et la panique mais peut-être aussi par l'impréparation sanitaire. Lors des déclarations de guerre (1914 et 1939) on eût aussi des baisses brutales de production et de consommation à ne pas oublier. Mais le problème suivant fut plutôt la pénurie de main-d'œuvre !

forcée des consommateurs et des investisseurs mais déjà aussi par les sombres perspectives des revenus futurs.

La crise à venir déborde le cadre de l'analyse des crises économiques et financières par la valeur très élevée du choc x_t **et par le fait que les comportements des agents privés ne sont pas des causes proches ou lointaines de ce choc.** Il s'y ajoute une dimension de crise d'après-guerre dans la mesure où l'offre est rationnée dans certains secteurs, à un point tel que beaucoup de productions ne reprendront pas du tout. Ainsi, les cafés, restaurants, activités de transport aérien, tourisme, culture et même les commerces devant mettre en œuvre un déconfinement poussif[98]et stressant (Mai-Juin-Automne 2020), sont incapables de produire plus même quand ils le souhaitent économiquement. Les produits intermédiaires sont aussi concernés par les problèmes de transport. Par rapport aux récessions « standard », l'entrée en scène des secteurs se fait dans un ordre inversé. Les secteurs industriels, d'équipement et de biens durables sont mécaniquement touchés par le jeu des relations interbranche à la suite des secteurs des biens de consommation.

Beaucoup de secteurs se trouvent en excès d'offre et beaucoup d'autres secteurs en excès de demande, situation qui n'est pas finalement si exceptionnelle et qui correspond au schéma théorique d'Hayek mais avec cependant quelques différences[99]. Les politiques économiques anti-crises en sont rendues beaucoup plus délicates et **les comportements économiques traditionnels, au second plan dans un premier temps, prennent le relais de ces chocs.** En effet, une fois levées les mesures de confinement, les anticipations de profitabilité sont elles-mêmes hautement entamées et plongent les économies du

---

[98] Il est (été 2020) de plus en plus poussif, les peurs devenant totalement irraisonnées sous la pression publique et ce, dans tous les pays. Les pouvoirs publics à divers échelons se sont rendu compte du pouvoir de contrôle que leur donnaient les mesures sanitaires. Ils ont tendance à en abuser…

[99] Pour Hayek, la différence de situations entre les secteurs vient de l'accumulation d'erreurs passées, sur-dimensionnant certains mais en sous-dimensionnant d'autres. Pour lui, le traitement de crise passe alors par un ajustement rétablissant la « bonne » répartition des moyens productifs. Ici, les décisions de confinement étant une cause arbitraire, les décisions privées prises antérieurement ne sont pas responsables de cette inégalité face à l'application des règlements sanitaires. Dans le futur on peut seulement espérer que les mécanismes de « rattrapage » tant ceux de la demande que ceux de l'offre permettront de rétablir l'équilibre mais ce n'est pas assuré, car certains dégâts risquent d'être définitifs.

monde dans une vraie dépression. On peut assurer que le marqueur de cette aggravation sera/est une fois de plus l'effondrement des investissements.

Contamination financière ? La question continuera de se poser.

Il s'agit également d'un **choc ξ_τ considérable sur les anticipations**. La matrice B du modèle « tourne » à fond depuis le démarrage du processus et bien avant le confinement. Les valeurs anticipées d'actifs, de perspectives de profit à court et à long terme sont établies de façon pessimiste **[$f^e(acn_t)$, $f^e(y_t)$, $f^e(pf_t)$ et $f^e(pf_{t+1})$)]**. Les demandes de biens et services courants en sont directement affectées ou plus exactement le seront quand leur rationnement sanitaire prendra vraiment fin. Concrètement, les retards de consommation et surtout d'investissement : capital physique et progrès technologiques, sans parler d'un certain nombre de gâchis en capital humain, ne seront pas intégralement rattrapés.

Ainsi, dès le début de cette crise, de nombreuses catégories d'anticipations sont sur la sellette et le pessimisme qui les frappent fait écho aux débordements d'optimisme notés en 2019 et les années précédentes. Dans cet avant-crise, les banques, conduites à spéculer, comptaient sur les politiques des banques centrales en faveur d'une fourniture de liquidité à très bas coût et *ad vitam aeternam*. La politique monétaire extraordinairement laxiste de ces périodes est donc une véritable « épée de Damoclès ».

Depuis que les anticipations des valeurs d'actifs **$f^e(acn)$**, actions, obligations publiques et privées, immobilier … ont été directement retournées, les marchés financiers ont plongé et ont connu de nombreux soubresauts ; dès lors, le pessimisme nouveau menace en permanence de contaminer le risque financier **$f^e(rf)$.** Des faillites de banques ou d'Etats sont toujours à redouter, en dépit des mesures défensives de politique monétaire.

Ces mesures se sont néanmoins avérées efficaces dans un premier temps[100]. La question est de savoir si cela durera ou si les

100

Avec : Achats d'actifs: 750 milliards d'euros d'achats d'actifs publics et privés dans le cadre du programme d'achat d'urgence en cas de pandémie (PEPP). 120 milliards d'euros d'achats nets supplémentaires temporaires d'actifs. La BCE a élargi la gamme des actifs éligibles dans le cadre du programme enchaînements prévus par Océan (et la matrice B) seront enclenchés à court ou moyen terme pour amplifier la crise.

Par exemple, la fragilité financière sera-t-elle intégralement compensée par des mesures de politique monétaire signalées, mesures visant notamment mais pas seulement, à empêcher directement la faillite de certains Etats (Grèce, Italie, Portugal, Belgique, France ...) ou indirectement, des entreprises ou de banques créancières de ces Etats ? En fait, la politique monétaire a très opportunément tenté d'enrayer la panique en engageant des mesures de rachat de dette publique. Ces décisions visent à permettre aux Etats, y compris aux plus endettés, de parer au plus pressé (chômage partiel, sauvetages d'activités...) tout en aggravant leur dette et la masse dangereuse des liquidités[101]mises en circulation. On ne voit pas de quelle façon on pourrait mettre fin à ce déversement monétaire, tâche qu'on était déjà incapable de réaliser avant 2020. La fuite en avant va donc s'amplifier : les plans européens ou pour la Zone Euro auront le même impact qu'en 2008, à la fois bénéfiques à court terme et dangereux à moyen terme.

Le plus inquiétant pourrait éventuellement survenir lorsque la prise de conscience se fera au niveau des prix, compte tenu notamment de la disproportion entre les moyens monétaires potentiellement disponibles et une production réduite. Alors $\mathbf{f^e(p)}$ pourrait se mettre dans la danse en refermant le piège de l'hyper (?) inflation (voir plus haut l'encadré 4-6 et en particulier son avant dernier paragraphe).

En conclusion, les interactions de la matrice **B** du modèle Océan étaient pratiquement toutes activées dès le mois d'avril 2020. Mais, elles n'ont pas (encore ?) débouché sur une crise financière mondiale, un feu qui se propagerait alors dans les grands tas de paille de dettes accumulés depuis des années.

Il est sûrement trop tôt pour apprécier les conséquences de cette crise économique et financière débutante. Tous les ingrédients d'une très forte récession sont d'ores et déjà réunis mais avec paradoxalement des perspectives de demande excédentaire à venir, suite aux mesures budgétaires basées sur un soutien monétaire massif.

---

d'achat du secteur des entreprises (CSPP). Les indicateurs de stress financier ont rapidement bien réagi (ICSS européen par exemple).

[101] Voir l'encadré 4-7 supra.

En Europe occidentale à tout le moins et comme en 2011, le danger d'une crise secondaire des dettes publiques, la forme la plus probable de crise financière du contexte de 2020, est à redouter dans ce contexte particulier. Parce que touchant de plus grands pays, elle serait sans doute plus grave et elle amènerait très probablement un éclatement de la Zone Euro. Elle commence à se préciser dès le mois de mai 2020 lorsque la Cour constitutionnelle allemande s'est opposée aux mesures de financement monétaire des dettes publiques (italienne, grecque, française). A suivre…

<u>Section 5</u> Avenir sans crise et croissance: réussir la politique monétaire

Les crises économiques, notamment les plus fortes, ont un impact considérable sur le rythme de croissance à long terme. C'est ainsi que la « grande récession » de 2008-2011 a complètement « cassé » la croissance de beaucoup de pays européens sur la période des vingt ans de l'euro (1999-2019). La crise de 2020 devrait avoir un impact similaire ! C'est dire qu'un préalable à remplir pour la croissance économique est de prévenir les crises en se posant la question : que faut-il pour un monde sans crise ?

Avant de traiter la question de façon « classique » il faudrait déjà simplement conseiller aux pouvoirs publics d'éviter de mettre les économies en crise comme en 2020 (voir l'encadré 4-7). On laissera néanmoins de côté ce cas qu'on voudrait voir exceptionnel mais qui s'avère malheureusement presque imparable[102]tant qu'on donne priorité au « principe de précaution ».

Les solutions idéales de temps « normal »

Pour savoir quoi faire pour un avenir sans crise, la réponse théorique naïve serait celle-ci: ne pas se trouver en situation de retournement massif et coordonné des anticipations initialement favorables ; que les banques et organismes financiers ne se mettent pas à douter de leurs clients ; que les profits attendus des investissements ne soient pas ramenés brutalement à des valeurs dérisoires ; que les valeurs des actifs détenus (actions, obligations, immeubles) ne soient pas gravement menacées. Éviter ainsi tout « accélérateur financier » récessif quand les blocages de crédit éliminent les dernières velléités courageuses d'investissement productif tandis que la baisse du prix des actifs continue à détériorer les bilans en entraînant le tarissement des prêts.

La crise ou la venue d'une récession correspondent toujours à deux choses : une prédisposition ou « fragilisation » et un facteur de déclenchement souvent accidentel et parfois apparemment anodin. Les économistes peuvent disserter avec efficacité sur le premier aspect mais jamais sur le deuxième car il est par définition inattendu et ne se présente pas deux fois de la même façon. Les « indicateurs de stress » de plus en plus utilisés pour juger des difficultés financières n'ont pas plus de valeur opérationnelle qu'une paire de jumelles pour annoncer un tsunami. Quand on voit, il est souvent trop tard pour réagir ! En fin 2019 par exemple, les indicateurs de stress étaient au plus calme alors qu'une quantité de signes et d'alertes étaient donnés par l'observation des grandeurs d'endettement public et

---

[102] Il n'est pas obligatoirement imparable si une majorité de pays grands et moyens se concertent avant d'adopter des solutions pour « moutons de Panurge » apeurés. On remarque aussi que même dans la conjoncture exceptionnelle de 2020, la gravité de la crise dépend aussi des tensions de bulle préalables, parfois localisées, et que la politique économique et principalement monétaire est forcément concernée.

privé. Trois mois après, au milieu de mars 2020 et suite à l'épidémie, les indices de stress remontent en flèche (FRB Saint Louis et l'indice ICSS de la BCE) mais ils partaient de très bas et c'est bien tard, tous les organismes financiers sont déjà au courant !

La seule manière d'éliminer ou de réduire ces risques est donc de mener les actions préventivement, au moment où s'accumulent à l'excès les forces montantes sur tous les marchés et dans les esprits des acteurs. Qui peut le faire ? La réponse qui vient naturellement à l'esprit est : « la politique monétaire ». Car derrière toutes ces montées plus ou moins justifiées accompagnées d'anticipations d'un optimisme exagéré, il y a une alimentation constante par le crédit, ratifiant les tendances spéculatives. L'excès de crédit, cet emballement peu raisonnable, est pratiquement toujours à l'origine des périodes d'euphorie. On passe donc vite de l'analyse des tensions de bulle à celle de son contexte permissif, en l'occurrence et presque toujours, une politique monétaire trop laxiste.

Politique monétaire, une action ambigüe

Dans le schéma général comme en pratique, le rôle de la politique monétaire est visiblement ambigu : en facilitant ou non les poussées d'actifs et l'instabilité financière, elle est ou non la responsable principale de longue période ; mais en voulant freiner les mouvements spéculatifs, elle peut lancer les processus de crise ; en mobilisant ses outils au moment crucial, elle peut au contraire aider à bloquer les paniques et moins facilement, pérenniser les reprises. L'un des problèmes rencontrés par la politique monétaire dans cette situation, c'est qu'elle apporte des remèdes qui peuvent être à l'origine d'autres difficultés. Ainsi, par exemple, la baisse déterminée et prolongée des taux d'intérêt maintenue par une politique délibérément accommodante a gonflé plusieurs bulles et récemment une bulle obligataire publique et privée dangereuse pour la stabilité du système financier et déjà destructrice de l'épargne. Depuis 2016, le krach obligataire s'approche puis s'éloigne pour se rapprocher encore... Les Bourses mondiales font dangereusement le « yo-yo » alors que la pression de la baisse des taux pousse particuliers et banques à spéculer sur les marchés d'actions et d'obligations...

La politique monétaire alimentant des poussées de crédit dangereuses est d'autant plus à éviter que les économies dans lesquelles elles se produisent sont dans de mauvaises conditions de croissance car les taux d'intérêt trop bas et les flux excessifs de crédit alimentent les déficits budgétaires, la consommation et les spéculations (finance spéculative), sans effet sur les investissements productifs et l'expansion économique réelle. Ainsi, comme c'est le cas dans nombre d'économies matures en stagnation, les politiques monétaires laxistes, conduites pour soutenir le peu d'expansion qui reste, relèvent la probabilité de crise financière. Si donc la stabilité conjoncturelle est reconnue propice à la croissance de long terme, cette dernière contribue en retour à la stabilité. C'est peut-être ce qui entraîne que des dépassements de crédit sont plus pernicieux pour les pays déjà matures qu'ils ne le sont pour des pays en croissance. Par exemple, le fait que les dépassements chinois n'ont pas conduit jusqu'à présent à une crise financière grave pourrait tenir à ça !.

Encadré 4-9 **« Océan » et les mécanismes de transmission**

Les mécanismes ou canaux de transmission de la politique monétaire ont été constamment scrutés par les économètres ; le plus souvent, les efforts entrepris en ce sens ont été vains, notamment parce que ces canaux apparaissent instables. Océan nous en donne l'explication principale : tous les comportements susceptibles d'être influencés par les actions de la banque centrale sont fortement marqués par des anticipations plutôt volatiles, telles que nous les décrivent les équations du bloc d'anticipations du modèle. Les mesures prises sont donc suivies de comportements très changeants selon l'environnement psychologique. Par exemple, une politique de baisse des taux peut ou non provoquer de nouveaux investissements productifs ou de nouveaux achats d'actifs financiers ou des reports sur le marché immobilier ou même tout simplement à des amas de liquidités oisives selon les moments et l'état d'esprit des personnes ayant à prendre des décisions. On aura reconnu sans peine la « critique de Lucas », jamais surmontée.

S'y ajoute le fait que les modalités pratiques et l'environnement réglementaire d'une politique sont fréquemment perturbés par des innovations qui déroutent les acteurs des marchés concernés. Tous les programmes nouveaux[103]expérimentés par les banques centrales pour faire face à une situation donnée sont assortis de conditions juridiques d'éligibilité ou de durée qui en masquent la composition instrumentale, rendant quasi impossible la comparaison des épisodes.

Sans doute peut-on imaginer les enchaînements logiques et les influences probables en retenant seulement le caractère positif ou négatif des réactions, ainsi que le fait Océan, mais sans pouvoir espérer aller plus loin. Une mesure prise en un temps donné et sous une forme déterminée aura un impact spécifique par des cheminements eux-mêmes spécifiques. D'où l'inanité sans espoir des efforts pour mesurer les canaux de transmission, vieille idée juste de Milton Friedman.

La réponse monétaire doit en tous cas être précisée en « politique des grands pays ou des grandes monnaies » car à notre époque où la finance est de plus en plus mondialisée, les risques de déséquilibre dangereux alimentés par une expansion du crédit ne sont pas restreints aux espaces nationaux. Ainsi, les conditions économiques et monétaires américaines des années

[103] Portant ces noms ésotériques dont raffolent les technocrates (QE, QE2, QE3, TLTRO 1, 2 ou 3…)

2000 attirant des capitaux de partout (banques européennes, Chine ...) ont contribué à développer excessivement certains crédits à l'origine de la crise des « subprime ». De même, la politique de la BCE dans un cadre de monnaie unique a accompagné la montée de crédits massifs et précaires dans la périphérie de la zone euro, aggravant la crise de 2008 et provoquant la surinfection des dettes souveraines de 2011. En pratique, il est relativement facile de voir quelle politique monétaire et de quelle(s) banque centrale(s) dépend la poussée des crédits dans un contexte déterminé.

Quelle stratégie ? Choisir un autre objectif final avec MIE et Océan

Les arguments présentés ici s'inscrivent directement à la suite des raisonnements présentés dans le modèle de croissance MIE et dans le modèle de fluctuations Océan. Ils s'essayent à suivre la tradition des œuvres d'auteurs anciens et particulièrement celles de Friedrich Hayek.

Notre première réflexion, retrouvant le raisonnement implicite de la pensée autrichienne, concerne la redéfinition d'un objectif final pour la politique monétaire de temps normal. Elle amène à conclure que la pluralité des objectifs finaux est une mauvaise chose. Le modèle de croissance MIE nous pousse à considérer que le guide de toute politique économique est le **désir d'obtenir le maximum de croissance économique à long terme. On va considérer qu'il s'agit aussi de l'objectif final le mieux approprié pour l'action des banques centrales !**

La fonction présentée par Océan (équation 4-FR) comporte cinq arguments tout à fait légitimes et utiles pour susciter des réactions de politique monétaire ; aucun d'entre eux cependant ne peut prétendre à constituer un objectif final et en particulier pas l'écart d'inflation[104]. Ce qui ressort à cet égard des évènements des dix dernières années c'est l'importance toute relative du problème posé par un rythme plus ou moins élevé de hausse des prix, dès lors qu'on évite la déflation. Les politiques de ciblage d'inflation ont manifestement fait leur temps et le corpus théorique sur lequel elles s'appuyaient naguère est battu en brèche.

Ce n'est qu'à travers l'influence sur la croissance qu'il faut reconnaître la nécessité de corriger parfois les rythmes d'inflation[105]. L'expansion à court terme n'est pas non plus totalement pertinente. Le modèle MIE admet déjà très explicitement la nécessité d'améliorer la qualité de la politique conjoncturelle (QPC) pour atteindre les rythmes de croissance permanente les plus élevés. C'est dire qu'il n'est nul besoin de demander aux banques centrales d'autre service que d'assurer un fonctionnement du système monétaire optimisant la croissance à long terme. A cet objectif final, concourent tous les autres. On ne doit pas considérer que l'objectif final unique de croissance pourrait être concurrencé : l'évitement des crises par la stabilité financière, la préservation de la valeur de la monnaie à un niveau raisonnable, la sécurisation des circuits de financement utiles aux investissements dans un maximum de circonstances, la valeur extérieure de la monnaie, la promotion nécessaire de l'épargne, toutes ces préoccupations intermédiaires de la banque centrale, contribuent à la croissance

[104] Les partisans de la Nouvelle Synthèse eux-mêmes, grands défenseurs du ciblage d'inflation, essayaient de prouver que cette politique était aussi la meilleure pour le taux de croissance du PIB à court terme.

[105] On se souvient de l'extrême difficulté des évaluations du seuil d'inflation à partir duquel celle-ci réduit la croissance, mais tout le monde sait qu'*a priori* aucune présomption de dommages collatéraux importants n'est à retenir à l'encontre d'une inflation à un chiffre. Il est proprement mystérieux d'observer le fétichisme des banques centrales à propos de leur cible de 2%, sauf à considérer qu'elles s'inquiètent maintenant pour les conséquences d'une hausse des prix plus faible.

saine de l'économie. Il ne peut y avoir à cet égard de conflit d'objectifs la poussant à sacrifier quelque chose d'important.

Venons-en maintenant au choix des moyens : l'évitement des crises et plus généralement des récessions tient la première place[106]et la fourniture de liquidités en cas de crise financière déclarée doit naturellement être conservée aussi ; la réalisation d'investissements nombreux par des conditions de financement solides, la circulation d'une monnaie saine avec un taux d'inflation maîtrisé, une valeur extérieure de la monnaie évitant des taux de change réels trop élevés ou trop faibles…sont autant de buts à atteindre par la politique monétaire pour viser son objectif final unique de croissance.

Pour y parvenir, la banque centrale doit pouvoir utiliser tous les moyens mis à sa disposition. Nous avons vu que le nombre des instruments avait récemment augmenté, passant à trois types : le taux d'intervention, la politique multiforme d'aisance quantitative et les politiques psychologiques d'annonces (forward guidance)[107]. La politique monétaire doit donc être libre et discrétionnaire. Pourtant, comme l'automobiliste, soumis au code de la route, les banques centrales devraient être assignées à certaines règles impératives, ce qu'on pourra qualifier de « discrétion contrainte »

Discrétion contrainte

Si la menace de crise économique et financière vient du double mouvement : excès des crédits ou de certains d'entre eux, suivi d'une perte brutale de confiance et d'enchaînements de prévisions pessimistes généralisées. Dans la mesure où c'est le

---

[106] Cette tâche dominante regroupe toutes sortes de travaux particuliers vis-à-vis des positions du secteur bancaire, des marchés d'actifs, du secteur public, des anticipations et spéculations diverses.
[107] L'accélérateur, le frein et le klaxon !

scénario le plus grave à redouter, les banques centrales doivent lui donner la priorité. Pour éviter les excès de crédits, globaux et spécifiques à des bulles particulières, il convient de s'opposer rapidement, globalement ou parfois de façon ciblée, aux mouvements spéculatifs. Les outils les mieux adaptés sont le taux d'intérêt d'intervention qu'il faut absolument garder (hors crise) à un niveau suffisant pour réprimer les bulles.

On pourrait donc instaurer une première règle de plancher du taux d'intervention. Sous réserve d'étude plus approfondie, une valeur minimale de 2% devrait pouvoir convenir, à charge de constituer le bas d'une échelle de taux cohérente. Ainsi, les banques et autres organismes financiers auraient des ressources normalement coûteuses en toutes circonstances, y compris en urgence pour éteindre les crises de sous liquidité. La possibilité de garder une marge de baisse des taux d'intervention en cas de crise aigüe serait encore un atout de plus. Après 2008 et 2011, la politique de taux artificiellement bas a duré beaucoup trop longtemps et les décisions de la BCE et de la Fed en fin 2019 semblent incompréhensibles de ce point de vue ! Le taux d'intervention à court terme joue un rôle normal pour régler la conjoncture et faciliter le plein emploi, un rôle qui n'implique pas qu'il soit réduit à des valeurs dérisoires. Dans le cas de « répression financière » en effet, les épargnants ne participent plus au financement des entreprises et se découragent en raison des taux non incitatifs (trappe à liquidité du côté offre). C'est clairement l'un des cas les plus flagrants où la logique politique prime sur la logique économique la plus naturelle.

La deuxième contrainte obligatoire existe déjà en théorie : le non financement des déficits et dettes publiques. Cette disposition n'est plus appliquée et le fait de ne plus la respecter conduit la banque centrale et les états endettés à se livrer à une « fuite en avant » difficile à contrôler. A elle seule, cette deuxième contrainte justifie l'indépendance des banques centrales.

D'autres pistes, plus facultatives, pourraient être explorées. Par exemple, la politique monétaire pourrait redonner un rôle aux agrégats, tel considérer la croissance de M1 comme **objectif intermédiaire**, ce taux de croissance s'avérant le meilleur prédicteur des variations du PNB réel à un an. La rupture néfaste du lien entre les évolutions de M1, la politique des banques centrales et l'émission de leur monnaie de « base », vient de l'extraordinaire gaspillage des liquidités gratuites à « taux zéro » ou à taux négatif.

Cette combinaison de contraintes s'ancre sur la nécessité de faire de la prévention contre les crises la priorité des banques centrales et qu'elles s'en donnent les moyens. Leur guide doit être d'éviter toute situation artificielle des marchés de crédits, des taux trop bas en moyenne ou dans des segments particuliers du marché, tâche que la politique monétaire peut et doit désormais accomplir. A ces conditions, les mécanismes monétaires et financiers seront en mesure d'assurer la croissance la plus forte à long terme.

Bibliographie du chapitre 4

Ahrend, Rudiger (2008) : « Monetary Ease: A Factor behind Financial Crises? Some Evidence from OECD Countries » OECD, Paris.

BCE (2008) : « 10ème anniversaire de la BCE 1998-2008 », Bulletin mensuel, N° spécial Mai.

Bracha A et Weber Elke U (2012) : « A psychological perspective of financial panic », *Federal Reserve Bank of Boston Public Policy Discussion Paper* N°12-7.

Fisher, Irving (1933) : « The Debt-Deflation Theory of Great Depressions », *Econometrica.*

Goodfriend, Mervyn (2002) : « Monetary Policy in the New Neoclassical Synthesis : A Primer », *International Finance*, Eté.

Juglar, Clément (1862) : « Des crises commerciales et de leur retour périodique en France, en Angleterre et aux Etats-Unis », Editeur Guillaumin, Paris.

Landais, Bernard (2017) : « Les Fluctuations » Editions L'Harmattan.

Leijonhufvud, Axel (2009): « Macroeconomics and the Crisis : A Personal Appraisal », *CEPR Policy Insight* N° 41, novembre

Minsky, Hyman (1986) : « Stabilizing an Unstable Economy », Yale University Press, New Haven.

Rousset, Marc (2019)] : « Folle exubérance boursière : plus dure sera la chute ». Site « Bd Voltaire » du 14 avril 2019.

Taylor, J.B (1993) : « Discretion Versus Policy Rules in Practice », Carnegie-Rochester Conference Series on Public Policy, n° 39, SE

Zarnowitz, Victor (1985) : « Recent Work on Business Cycles in Historical Perspectives : A Review of Theories and Evidence », *Journal of Economic Literature*, Vol 23 Issue 2.

Zarnowitz, Victor (1999) : « Theory and History Behind Business Cycles : Are the 1990's the Onset of an Golden Age ? » *NBER Working Paper N°7010*, Mars.

Table des matières

Revue « Marché et Organisations »
L'Harmattan

Cahiers d'économie et de gestion thématiques dont le but est de promouvoir la recherche originale sur les relations de plus en plus étroites qui se tissent entre le marché et les organisations. Les acteurs économiques de taille, de puissance et de pouvoir différents dont les intérêts peuvent être convergents, complémentaires ou, le plus souvent, antagoniques, ont tendance à organiser les marchés. La raison du marché, pourtant, est la référence stratégique pour l'entreprise ainsi que pour les institutions publiques de décision économique.

Numéros parus :

N°1 : Artisanat. La modernité réinventée, 2006
N°2 : La petite entreprise, elle a tout d'une grande. De l'accompagnement aux choix stratégiques, 2006
N°3 : Tourisme et Innovation. La force créative des loisirs, 2007
N°4 : Le travail. Formes récentes et nouvelles questions, 2007
N°5 : Les universités et l'innovation. L'enseignement et la recherche dans l'économie des connaissances, 2007
N°6 : Entrepreneuriat et accompagnement. Outils, actions et paradigmes nouveaux, 2008
N°7 : Développement durable des territoires. Economie sociale, environnement et innovations, 2008
N°8 : Développement durable et responsabilité sociale des acteurs, 2009
N°9 : Gouvernance : exercices de pouvoir, 2009
N°10 : Le travail collaboratif. Une innovation générique, 2009
N°11 : Economie sociale et solidaire. Nouvelles trajectoires d'innovations, 2010
N°12 : Relations à la marque et marques de la relation. Regards croisés sur le management relationnel de la marque, 2010
N°13 : Les contrats au service de la recherche ?, 2011
N°14 : Le potentiel économique de l'Afrique subsaharienne, 2011
N°15 : Management de la distribution, 2012
N°16 : Territoire Vert. Entreprises, Institutions, Innovations, 2012
N°17 : Eco-conception, conception et innovation. Les nouveaux défis de l'entreprise, 2013
N°18 : Intelligence économique : entreprises et territoires, 2013
N°19 : La finance globale. Un monde fini, 2013
N°20 : La crise du « développement », 2014
N°21 : La Chine innove. Politiques publiques et stratégies d'entreprise, 2014
N°22 : Go East! Nouvelles Economies de Marché, 2015
N°23 : L'économie du changement, 2015
N°24 : Le temps des artisans. Permanences et mutations, 2015
N°25 : Innovations de proximité et esprit d'entreprise, 2016
N°26 : L'avenir des économies du Maghreb : entre inertie structurelle et envie de rupture, 2016/3 (n° 27)
N°27 : Le sport aux frontières du marché du travail, 2016
N°28 : Dynamiques internationales des entreprises, 2017
N°29 : L'univers du risque, 2017
N°30 : Les petites entreprises dans l'histoire industrielle, 2017
N°31 : Economie sociale et *social business* ? Au défi d'entreprendre et se financer, 2018
N°32 : Éducation et fertilisation des économies africaines, 2018
N°33 : L'entrepreneuriat innovant dans les pays du Maghreb, 2018
N°34 : L'entrepreneuriat scientifique : institutions et innovation, 2019
N°35 : Le champ économique de la culture, 2019
N°36 : Economie sociale et solidaire ? Modèles d'innovation et modes de gouvernance, 2019
N°37 : Rethinking Luxury Business, 2020
N°38 : La santé connectée. Nouvelles technologies et réorganisation des soins, 2020
N°39 : Options stratégiques et systèmes complexes d'innovation, 2020

Collection « L'esprit économique »
fondée par Sophie Boutillier et Dimitri Uzunidis en 1996

Dernières parutions

► ***Série Economie et Innovation***
G. ACHERMANN, *Territoires d'innovation en Russie, Ambitions et contraintes d'une politique de clusterisation*, 2018.
C. ABDOU LAHAD THIAW, *Innovation localisée pour le développement économique du Sénégal*, 2018.
N. ANIDO FREIRE, *Tradition et innovation : de l'opposition à la complémentarité*, 2018.
C. BERGHMANS (dir.), *Intelligence et compétences émotionnelles en entreprise : perspectives multiples*, 2018.
T. MICHAUD, *La réalité virtuelle : de la science-fiction à l'innovation*, 2018.
B. LAPERCHE, M. LIMA, E. SEULLIET, B. TROUSSE (dir.), *Les écosystèmes d'innovation. Regards croisés des acteurs clés*, 2019.
S. MONNERIE, *L'économie digitale révolutionne le monde. Innovation et total design*, 2019.
T. MICHAUD, *Le projet spatial européen, entre pragmatisme et imagination*, 2020.
J.-P. SCHMITT, N. RAVIDAT, *Management conjoint de la technologie et de la personne. Pour performer et croitre*, 2020.
► ***Série Le Monde en Question***
L. BOURQUIN, *Europe 3.0 : le grand réveil*, 2017.
A. ROSOWSKY, *De l'économie de pillage a la société désagrégée, un essai sur la révolution thatchérienne*, tomes 1 & 2, 2017.
M. AMAN, *Currency board* (caisse d'émission) à Djibouti. Quelles implications économiques ?, 2018.
M. BENALI, A. EL BOUHADI, *Accès aux services financiers, inclusion et durabilité économique en Afrique*, 2020.
► ***Série Krisis***
J. HUERTA DE SOTO, *La théorie de l'efficience dynamique*, 2017.
Y. LEVANT, S. TREBUCQ, *Théorie comptable et sciences économiques du XVe au XXIe siècle, mélanges en l'honneur du professeur Jean-Guy Degos*, 2018.
M. WIELEZYNSKI, *Retour sur l'origine du profit : et si l'économie changeait de paradigme…*, 2018.
G. MINART, *Benjamin Constant, économiste*, 2019.
M. RAMEAUX, *Le tao de l'économie. Du bon usage de l'économie de marché*, 2020.
B. TONGLET, *Innovation et dynamique discontinue au bas Moyen Age. Pour une autre approche de l'histoire économique*, 2020.
► ***Série Clichés***
S. BOUTILLIER, D. UZUNIDIS (dir.), *La Russie européenne. Du passé composé au futur antérieur*, 2008.
R. VOLPI, *La négociation. Pain, paix, liberté*, 2009.
► ***Série Cours Principaux***
B. LANDAIS, *Les fluctuations économiques, une synthèse nouvelle*, 2017.
S. FREZAL, *Quand les statistiques minent la finance et la société. Risque, responsabilité et décision*, 2018.
O. ESNEU, *Le droit du transport routier de marchandises (TRM)*, 2018.
G. DUTHIL, *Economie publique et métamorphoses sociales*, 2019.
R. SANTENAC, *Le cycle des crises financières. Une étude approfondie des causes, des impacts et de la fréquence*, 2020.
► ***Série L'économie formelle***
S. PARK, *Les abus de puissance économique dans les relations commerciales déséquilibrées*, 2018.
C. JADEAU, *La Finance inclusive. Manuel du post-capitalisme financier*, 2019.
A. BELMADANI, *Monnaie et systèmes de paiement. Mutations, enjeux et risques*, 2019.
É. CHAUMETON, *Pour une économie au service de la personne. Pistes d'avenir pour l'économie, la monnaie et la fiscalité*, 2019.
K. B. KOUASSI, *Pauvreté des Nations. Une critique de l'économie politique*, 2019.

Structures éditoriales du groupe L'Harmattan

L'Harmattan Italie
Via degli Artisti, 15
10124 Torino
harmattan.italia@gmail.com

L'Harmattan Hongrie
Kossuth l. u. 14-16.
1053 Budapest
harmattan@harmattan.hu

L'Harmattan Sénégal
10 VDN en face Mermoz
BP 45034 Dakar-Fann
senharmattan@gmail.com

L'Harmattan Cameroun
TSINGA/FECAFOOT
BP 11486 Yaoundé
inkoukam@gmail.com

L'Harmattan Burkina Faso
Achille Somé – tengnule@hotmail.fr

L'Harmattan Guinée
Almamya, rue KA 028 OKB Agency
BP 3470 Conakry
harmattanguinee@yahoo.fr

L'Harmattan RDC
185, avenue Nyangwe
Commune de Lingwala – Kinshasa
matangilamusadila@yahoo.fr

L'Harmattan Congo
67, boulevard Denis-Sassou-N'Guesso
BP 2874 Brazzaville
harmattan.congo@yahoo.fr

L'Harmattan Mali
Sirakoro-Meguetana V31
Bamako
syllaka@yahoo.fr

L'Harmattan Togo
Djidjole – Lomé
Maison Amela
face EPP BATOME
ddamela@aol.com

L'Harmattan Côte d'Ivoire
Résidence Karl – Cité des Arts
Abidjan-Cocody
03 BP 1588 Abidjan
espace_harmattan.ci@hotmail.fr

L'Harmattan Algérie
22, rue Moulay-Mohamed
31000 Oran
info2@harmattan-algerie.com

L'Harmattan Maroc
5, rue Ferrane-Kouicha, Talaâ-Elkbira
Chrableyine, Fès-Médine
30000 Fès
harmattan.maroc@gmail.com

Nos librairies en France

Librairie internationale
16, rue des Écoles – 75005 Paris
librairie.internationale@harmattan.fr
01 40 46 79 11
www.librairieharmattan.com

Lib. sciences humaines & histoire
21, rue des Écoles – 75005 Paris
librairie.sh@harmattan.fr
01 46 34 13 71
www.librairieharmattansh.com

Librairie l'Espace Harmattan
21 bis, rue des Écoles – 75005 Paris
librairie.espace@harmattan.fr
01 43 29 49 42

Lib. Méditerranée & Moyen-Orient
7, rue des Carmes – 75005 Paris
librairie.mediterranee@harmattan.fr
01 43 29 71 15

Librairie Le Lucernaire
53, rue Notre-Dame-des-Champs – 75006 Paris
librairie@lucernaire.fr
01 42 22 67 13

www.ingramcontent.com/pod-product-compliance
Lightning Source LLC
LaVergne TN
LVHW010923061026
849535LV00007B/2204